essentials

Essentials liefern aktuelles Wissen in konzentrierter Form. Die Essenz dessen, worauf es als "State-of-the-Art" in der gegenwärtigen Fachdiskussion oder in der Praxis ankommt. *Essentials* informieren schnell, unkompliziert und verständlich

- als Einführung in ein aktuelles Thema aus Ihrem Fachgebiet
- als Einstieg in ein für Sie noch unbekanntes Themenfeld
- als Einblick, um zum Thema mitreden zu können

Die Bücher in elektronischer und gedruckter Form bringen das Fachwissen von Springerautor*innen kompakt zur Darstellung. Sie sind besonders für die Nutzung als eBook auf Tablet-PCs, eBook-Readern und Smartphones geeignet. *Essentials* sind Wissensbausteine aus den Wirtschafts-, Sozial- und Geisteswissenschaften, aus Technik und Naturwissenschaften sowie aus Medizin, Psychologie und Gesundheitsberufen. Von renommierten Autor*innen aller Springer-Verlagsmarken.

Yorck von Borcke

M^3 – Mensch. Maschine. Mindset.

Leadership-Impulse für das Zeitalter der Künstlichen Intelligenz

Springer Gabler

Yorck von Borcke
Media School
Hochschule Fresenius
Hamburg, Deutschland

ISSN 2197-6708 ISSN 2197-6716 (electronic)
essentials
ISBN 978-3-658-53257-4 ISBN 978-3-658-53258-1 (eBook)
https://doi.org/10.1007/978-3-658-53258-1

Die Deutsche Nationalbibliothek verzeichnet diese Publikation in der Deutschen Nationalbibliografie; detaillierte bibliografische Daten sind im Internet über https://portal.dnb.de abrufbar.

Springer Gabler ist ein Imprint der eingetragenen Gesellschaft Springer Fachmedien Wiesbaden GmbH und ist ein Teil von Springer Nature.
Die Anschrift der Gesellschaft ist: Abraham-Lincoln-Str. 46, 65189 Wiesbaden, Germany

Wenn Sie dieses Produkt entsorgen, geben Sie das Papier bitte zum Recycling.

Was Sie in diesem *essential* finden können

- Warum klassische Führung im KI-Zeitalter an ihre Grenzen stößt – und was an ihre Stelle tritt.
- Das M³-Modell: Mensch, Maschine und Mindset als multiplikative Führungslogik, in der keine Dimension fehlen darf.
- Neun Führungsimpulse – von Selbstklarheit über Steuerungstiefe bis zu Timing-Entscheidungen.
- Der M³-Loop: wie Synchronisation zwischen Mensch, Maschine und Mindset zur eigentlichen Führungsaufgabe wird.
- Ein Diagnosewerkzeug, das Führungsreife im KI-Zeitalter sichtbar macht.

Zur besseren Lesbarkeit wird im Text das generische Maskulinum verwendet. Alle Personen- und Rollenbezeichnungen gelten gleichermaßen für alle Geschlechter.

Prolog

Von Dampf- und Denkmaschinen

Schnaufend, zischend, dampfend. Gewaltige Räder, Kettengerassel, Hammerwerke – der Klang neuer Kräfte. Im Jahr 1712 konstruierte Thomas Newcomen die erste praktikable Dampfmaschine. Sie hob Wasser aus den Kohleminen Englands und setzte eine technologische Evolution in Gang, deren organisatorische Konsequenzen sich über mehr als ein Jahrhundert entfalten sollten (Gaede, 2016; Holtel et al., 2017).

Die eigentliche Revolution lag nicht in der Maschine selbst, sondern in ihrer transformativen Wirkung auf die Arbeitsorganisation. Was als ingenieurtechnische Lösung für ein Bergbauproblem begann, verwandelte sukzessive Manufakturen in Fabriken und Handwerk in industrielle Produktion. Die Arbeitswelt wurde mechanisiert, standardisiert, hierarchisiert. Um 1900 formten Taylors Scientific Management, Fayols Administrationslehre und Webers Bürokratietheorie jene klassische Managementlehre, deren Command-and-Control-DNA bis heute in vielen Organisationen fortwirkt.

Gut drei Jahrhunderte später betreten wir einen fundamental anderen Maschinenraum. Statt Dampf das Surren von Servern. In Rechenzentren entstehen die Denkmaschinen unserer Zeit – lernfähige Systeme wie Large Language Models (LLM), die natürliche Sprache verstehen, komplexe Muster erkennen und kognitive Prozesse autonom orchestrieren. Man kann sie als Intelligenz-Fabriken beschreiben: Maschinen, die nicht materielle Güter erzeugen, sondern sogenannte *Tokens* – die atomaren Einheiten maschineller Bedeutung, aus denen Analysen, Texte und Entscheidungsoptionen komponiert werden.

Was die Dampfmaschine einst für die Muskelkraft bedeutete, bedeutet die Denkmaschine für die kognitive Arbeit. Sie automatisiert nicht nur Routinetätigkeiten, sondern greift tief in analytische, strategische und kommunikative Prozesse ein. Damit stellt sie nicht nur Arbeitsrollen in Frage, sondern fordert die Grundarchitektur von Führung heraus.

Während die Industrialisierung hierarchische Steuerung hervorbrachte, verlangt die Ära der Denkmaschinen nach dezentraler Orchestrierung, neuen Vertrauensformen und einer Ethik der Zusammenarbeit mit autonomen Systemen – Systemen, die nicht mehr nur Werkzeug sind, sondern sich zu Mitakteuren entwickeln. Beide Technologien – Dampf- und Denkmaschinen – wirken als disruptive Querschnittskräfte. Doch wo einst Kontrolle und Standardisierung dominierten, sind heute systemisches Denken, adaptive Kooperation und sinnstiftende Orientierung entscheidend.

Führung wird somit nicht überflüssig, aber sie muss neu gedacht werden: **Mensch. Maschine. Mindset**. Drei Dimensionen, die nur gemeinsam wirken. Das Zusammenspiel bewusst zu gestalten, Vertrauen zu ermöglichen und im Spannungsfeld von menschlicher Urteilskraft und maschineller Geschwindigkeit Wertschöpfung zu erschließen – das ist Leadership im Zeitalter der KI.

Contents

Im Zeitalter der künstlichen Intelligenz

1

W3r d135 l353n k4nn, d3nkt w13 31n3 M4sch1n3.

Können Sie das lesen? Wahrscheinlich ja. Ihr Gehirn erkennt die Muster hinter den Ziffern. Jahrelang hieß es, genau das sei die Zukunft: Wir müssten die Sprache der Maschinen lernen, programmieren und codieren. Jetzt verschiebt sich die Richtung: Maschinen nähern sich der natürlichen Sprache des Menschen. Sie lesen, interpretieren – und bereiten Entscheidungen vor. Damit verschiebt sich ihr Status: vom Werkzeug zum Gegenüber. Und damit wird künstliche Intelligenz zur Führungsfrage.

Dieses Kapitel zeichnet den Weg nach: von regelbasierten Systemen zu lernenden Architekturen (Abschn. 1.1), von isolierten Anwendungen zu kollektiver Intelligenz (Abschn. 1.2), und von klassischen Führungskonzepten zu den Herausforderungen, die ein neues Führungsverständnis verlangen (Abschn. 1.3).

1.1 Von programmierten zu lernenden Systemen

Jahrzehntelang war die Rollenverteilung klar: Der Mensch dachte, die Maschine rechnete. Als Konrad Zuse in den 1930er-Jahren in Berlin seinen ersten „automatischen Rechner" konstruierte und John von Neumann ein Jahrzehnt später das Konzept des speicherprogrammierbaren Computers vorlegte, war die Aufgabenverteilung eindeutig: Software führte aus, was zuvor von Menschen definiert worden war – präzise, verlässlich, aber ohne eigenes Lernen. Führung bedeutete in dieser Logik, Prozesse zu planen, Regeln festzulegen und deren Einhaltung zu kontrollieren. Die ersten Jahrzehnte der Digitalisierung waren geprägt von

Y. von Borcke, *M³ – Mensch. Maschine. Mindset.*, essentials,
https://doi.org/10.1007/978-3-658-53258-1_1

regelbasierten Systemen. Problemstellungen wurden formal beschrieben, Parameter klar definiert, Lösungswege deterministisch programmiert. Solche Systeme waren leistungsfähig, solange die Bedingungen stabil blieben. Der entscheidende Schwachpunkt lag in ihrer Starrheit: Veränderte sich die Datenlage, musste der gesamte Algorithmus manuell angepasst werden. Einen echten Lernprozess kannten diese Systeme nicht.

Mit dem Aufkommen datenbasierter Lernverfahren verändert sich diese Logik grundlegend. Heutige Systeme folgen nicht mehr allein vorgegebenen Anweisungen, sondern gewinnen aus Daten Muster, Wahrscheinlichkeiten und operative Entscheidungsgrundlagen. Ihre Leistungsfähigkeit entsteht aus der Fähigkeit, unstrukturierte Datenmengen über Rückkopplung in handlungsrelevante Erkenntnisse zu übersetzen. Lernen ist damit kein einmaliger Entwicklungsschritt, sondern ein fortlaufender Prozess. Abb. 1.1 zeigt diese grundlegende Veränderung.

Vor diesem Hintergrund verschiebt sich die Aufgabe von Führung: Wo Maschinen Werkzeuge zur Ausführung waren, treten Systeme in den Vordergrund, deren Verhalten sich aus Daten, Modellen und Rückkopplungen speist – und nicht mehr vollständig vorhersagbar ist. Führung richtet sich unter diesen Bedingungen nicht länger nur auf die Steuerung von Abläufen. Sie wird zur Gestaltung eines Zusammenspiels, in dem menschliche Urteilskraft und maschinelle Lernfähigkeit aufeinander bezogen werden müssen.

1.2 Von KI zu kollektiver Intelligenz

Lange war künstliche Intelligenz vor allem eines: ein Werkzeug. Chatbots beantworteten Anfragen, Bilderkennungssysteme klassifizierten Fotos, Empfehlungsalgorithmen schlugen Produkte vor. Die Maschine tat, was man ihr sagte. Nicht mehr, nicht weniger.

Das ändert sich grundlegend: KI-Systeme entwickeln sich von isolierten Automatisierungsbausteinen zu vernetzten, zunehmend eigenständig handelnden Systemen – mit wachsender operativer Autonomie (Cui & Yasseri, 2024).

Im Zentrum der aktuellen Entwicklung stehen agentische Systeme: KI, die innerhalb vorgegebener Ziele eigenständig Zwischenziele bildet, Strategien wählt und Aufgaben über mehrere Schritte hinweg bearbeitet - inklusive Rückkopplung und Anpassung. Der Unterschied zu herkömmlichen Systemen ist grundlegend: von Antworten auf Eingaben zu Handeln in Prozessen.

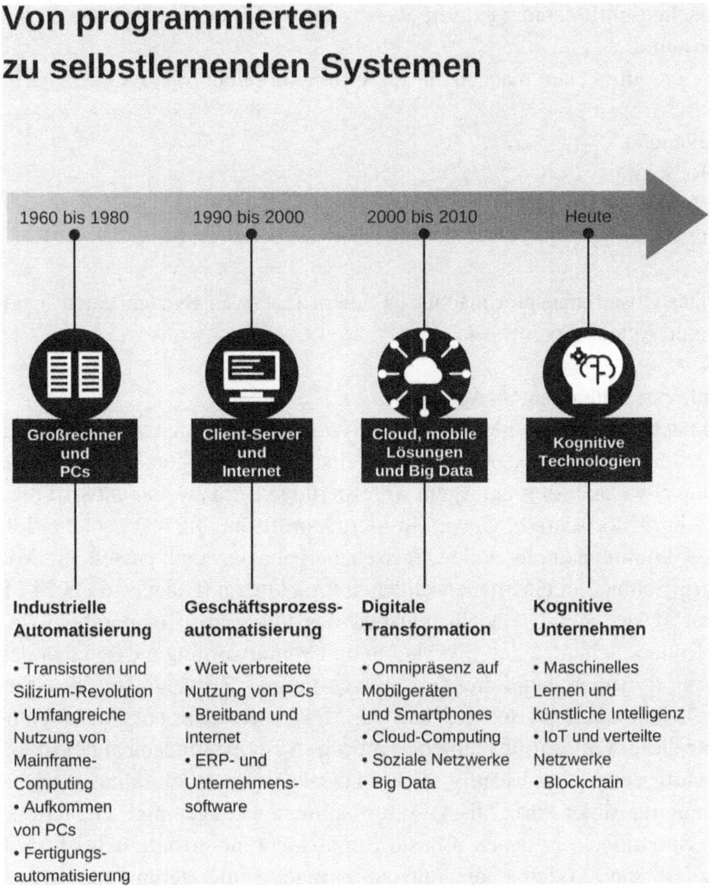

Abb. 1.1 Von programmierten zu selbstlernenden Systemen. (Quelle: eigene Darstellung, in Anlehnung an SAP, 2019)

Beispiel: Vom Chatbot zum Agenten

Ein klassischer Chatbot liefert auf die Anfrage *„Suche mir Flüge nach Berlin"* eine Liste von Ergebnissen. Ein agentisches System hingegen organisiert auf die Anfrage *„Organisiere mir eine Geschäftsreise nach Berlin"* selbstständig Flüge, Hotels, Kalenderprüfung, Meetings und Transport. Es plant, überprüft

Zwischenschritte, nutzt externe Werkzeuge und speichert Kontext über längere Zeiträume.

Vier Fähigkeiten machen diesen Sprung möglich:

- Planung
- Reflexion
- Werkzeugnutzung
- Gedächtnis

Das Zusammenspiel macht aus einem reaktiven System einen handlungsfähigen Akteur (Agent). ◄

Quelle: in Anlehnung an Accenture, 2025

Die nächste Stufe sind Multi-Agent-Systeme: koordinierte Teams spezialisierter Agenten, die komplexe Aufgaben arbeitsteilig bewältigen. In der Softwareentwicklung etwa analysiert ein Agent Anforderungen, ein zweiter entwirft die Architektur, ein dritter schreibt Code, ein vierter prüft die Qualität. Solche Software-Agenten kommunizieren, teilen Zwischenergebnisse und passen ihr Vorgehen an – vergleichbar mit einem menschlichen Projektteam (Hong et al., 2024). Sobald Agenten als Kollektiv handeln, entsteht das klassische Teamproblem in neuer Form: Rollen, Schnittstellen, Eskalation und Verantwortung müssen definiert werden. Zentral werden damit drei Governance-Fragen: Zuständigkeit: wer darf was? Nachvollziehbarkeit: warum geschah was? Eskalation: was passiert im Fehlerfall?

Trotz dieser Fortschritte bleiben agentische Systeme fundamental begrenzt. Ihre Schlussfolgerungen sind häufig stärker korrelations- als kausalitätsgetrieben. Sie können in plausibler Form falsche Informationen erzeugen und scheitern bei neuartigen Situationen, in denen robuste Kontextdeutung erforderlich ist. Originelle Variation können Systeme unterstützen; normative Orientierung und verantwortliche Abwägung bleiben menschlich zu verantworten. Vor allem aber fehlt ihnen eines: Urteilskraft im normativen Sinn. Systeme können Optionen berechnen und Variationen generieren. Verantwortung hingegen tragen können sie nicht (Acatech, 2020).

Gerade diese Grenze macht menschliche Letztverantwortung unverzichtbar und verweist auf das, was jenseits einzelner Agenten entsteht, wenn menschliche und maschinelle Akteure systematisch zusammenwirken: kollektive Intelligenz. Der Begriff bezeichnet die Fähigkeit eines Systems, durch koordinierte Interaktion bessere Entscheidungen und schnellere Lernprozesse hervorzubringen, als dies einzelnen Akteuren isoliert möglich wäre (Cui & Yasseri, 2024). Kollektive Intelligenz entsteht nicht durch die bloße Addition von Kompetenzen, sondern durch deren Kopplung: durch Interaktion, Feedback, gemeinsame Standards und geteilte Lernschleifen. Kollektive Intelligenz ist damit kein Nebenprodukt technologischer Entwicklung. Sie ist Ergebnis bewusster Gestaltung – und genau darin liegt eine neue Führungs- und Leadership-Aufgabe.

Doch keiner dieser Vorteile entfaltet sich ohne eine Voraussetzung, die in technologiegetriebenen Transformationen regelmäßig unterschätzt wird: eine Organisationskultur, die Wissen teilt, Entscheidungen nachvollziehbar macht und Unsicherheit produktiv verarbeitet. Kultur ist in diesem Zusammenhang kein Begleitfaktor, sondern positiver Multiplikator. Empirisch zeigt sich: Organisationen, deren KI-Einsatz Effizienz und Entscheidungsqualität verbessert, erleben häufig zugleich Fortschritte in kollektivem Lernen, Zusammenarbeit und Rollenklarheit – einen sich selbst verstärkenden Kreislauf aus Kultur, Nutzung und Wirksamkeit (Ransbotham et al., 2021).

1.3 Von neuer Technologie zu Führungsherausforderungen

Die Führungsforschung hat über Jahrzehnte ein differenziertes Verständnis von Leadership entwickelt. Kotter (1990) prägte die Unterscheidung zwischen Management und Leadership: Management bewältigt Komplexität, Leadership bewältigt Wandel und gibt Orientierung. Führung und Leadership werden im Folgenden synonym verwendet; wo eine Abgrenzung zum Management nötig ist, wird sie explizit gemacht. Ulrich (1984) entwickelte mit dem St. Galler Ansatz ein systemisches Verständnis von Unternehmensführung als *Gestaltung, Lenkung und Entwicklung produktiver sozialer Systeme*. Beide Konzepte bilden bis heute das Fundament moderner Managementlehre, entstanden jedoch in einer Welt, in der Maschinen Werkzeuge waren, nicht Mitakteure.

Van Quaquebeke und Haas (2024) beschreiben die aktuelle Verschiebung als Entwicklung von KI von bloßer Unterstützung über Co-Führung bis hin zur Übernahme einzelner Führungsaufgaben. Die entscheidende Frage lautet deshalb nicht mehr, ob KI Führung verändert. Sie lautet, welche Annahmen über Führung nicht länger tragen, wie Tab. 1.1 illustriert.

Tab. 1.1 Klassische Führungsannahmen im Wandel. (Quelle: Eigene Darstellung)

Annahme	Klassisch	KI-Zeitalter Realität
Kontrolle durch Hierarchie	Entscheidungen oben, Umsetzung unten	Entscheidungsmacht folgt den Daten

(Fortsetzung)

Tab. 1.1 (Fortsetzung)

Annahme	Klassisch	KI-Zeitalter Realität
Information als Macht	Wissensvorsprung legitimiert Status	Von Wissenshoheit zu Urteilskraft
Planbarkeit als Prinzip	Zukunft durch Planung kontrollieren	Halbwertszeit von Plänen sinkt radikal

Kontrolle durch Hierarchie

Die klassische Organisationslogik war eindeutig: Oben in der Hierarchie wird entschieden, unten wird umgesetzt. Im Zeitalter der KI verschiebt sich der Schwerpunkt von Entscheidungen jedoch dorthin, wo Daten entstehen, verarbeitet und in Handlung übersetzt werden – in Teams, Plattformen und zunehmend auch in autonomen Systemen. Führungskräfte bleiben formal verantwortlich, verlieren jedoch faktisch an Einfluss, sobald maschinelle Empfehlungen als evidenzbasierter Gegenpol zum persönlichen Urteil wahrgenommen werden. Klassische Führungsmittel verlieren an Überzeugungskraft, wenn Mitarbeiter Evidenz einfordern und wissen, dass hinter vielen Urteilen längst maschinelle Empfehlungen stehen (Villwock, 2025).

Die Herausforderung liegt damit nicht zuerst in der Technik, sondern beim Menschen: Wie entsteht Vertrauen in Systemen, die niemand vollständig überblickt? Und wie lässt sich Verantwortung teilen, ohne sie aufzulösen? Gemeint ist dabei keine Diffusion von Verantwortung, sondern ihre neue Verteilung: KI kann in operativen, datenintensiven Routinen autonom handeln, während menschliche Führung dort Letztverantwortung behält, wo ethische, strategische oder mehrdeutige Entscheidungen anstehen.

Information als Macht

Lange galt: Wer mehr weiß, kann besser entscheiden. Mit KI verschiebt sich diese Logik grundlegend. Analysekapazitäten werden skalierbar, Wissen wird breiter verfügbar. Der Engpass liegt deshalb immer weniger in der Information selbst als in ihrer Einordnung. An die Stelle von Wissenshoheit tritt Urteilskraft: die Fähigkeit, Informationen zu gewichten, Widersprüche auszuhalten und daraus verantwortbare Entscheidungen zu formen.

Gerade hier zeigt sich ein paradoxes Moment. Daten dienen nicht immer dazu, Entscheidungen offen zu prüfen. Mitunter werden sie genutzt, um bereits getroffene Entscheidungen im Nachhinein zu legitimieren. Denn Daten sprechen nicht für sich. Sie entfalten erst dann Wirkung, wenn sie gedeutet, kommuniziert und in einen sinnvollen Zusammenhang gestellt werden. Neben Datenkompetenz wird deshalb Datenkommunikation zu einer Kernfähigkeit von Führung (Villwock, 2025). Führung muss KI-Ergebnisse daher nicht nur verstehen, sondern so übersetzen, dass sie für Menschen anschlussfähig, einordbar und handlungsrelevant werden.

Damit verschiebt sich die Führungsfrage auf die Ebene der Maschine: Welche Rolle erhält KI im Entscheidungsprozess? Welche Autonomiestufen sind legitim? Und welche Kontroll- und Korrekturmechanismen müssen eingebaut sein?

Planbarkeit als Steuerungsprinzip

Ein weiteres Grundmuster klassischer Führung lautet: Zukunft lässt sich planen. Doch genau diese Annahme verliert an Stabilität. Rückkopplungsschleifen verkürzen sich von Monaten auf Tage, von Tagen auf Stunden. Systeme reagieren nicht nur auf ihre Umwelt, sie verändern sie mitunter selbst – und damit genau jene Bedingungen, auf denen Planung beruht. Besonders sichtbar wird dies in datenintensiven Steuerungssystemen, etwa in KI-gestützten Lieferketten oder dynamischen Pricing-Umgebungen, in denen Modelle ihre eigenen Planungsgrundlagen fortlaufend mitverändern. Datafizierung schafft deshalb nicht automatisch Klarheit. Sie verschiebt aber Machtverhältnisse: Wer über Daten, Modelle und Standards verfügt, gewinnt an Einfluss – häufig zu Lasten operativer Führungskräfte (vgl. Villwock, 2025).

Die Herausforderung liegt hier auf der Ebene des Mindsets: Wie entsteht Lernfähigkeit in einer Welt, in der Unsicherheit nicht Ausnahme, sondern Normalzustand ist? An die Stelle linearer Planungslogik tritt eine Führungspraxis, die in kurzen Zyklen wahrnimmt, reagiert und lernt.

Von New Technology zu New Leadership

Der Wandel betrifft nicht nur die Werkzeuge der Führung, sondern ihren Kern. Klassische Führungstheorien setzen stillschweigend voraus, dass Teams aus Menschen bestehen und Maschinen Werkzeuge sind. Genau diese Voraussetzung verliert an Gültigkeit, sobald lernende Systeme zu einem aktiven Bestandteil von Zusammenarbeit werden: *New Intelligence will need New Leadership* (Verheezen, 2018).

Kotters Unterscheidung zwischen Management und Leadership wird dadurch nicht überholt, sondern erweitert – ebenso wie der St. Galler Dreiklang aus Gestalten, Lenken und Entwickeln, der jedoch eine neue Bedeutung erhält:

Gestalten heißt im KI-Zeitalter nicht mehr primär, stabile Strukturen zu entwerfen, sondern adaptive Systeme zu bauen. Welche Aufgaben werden automatisiert, welche bleiben menschlich? Welche Entscheidungsrechte werden an KI übertragen - und unter welchen Bedingungen? Gestaltung wird damit zur fortlaufenden Arbeit an der Architektur hybrider Zusammenarbeit.

Lenken bedeutet nicht länger, über Informationsvorsprünge zu verfügen. Es bedeutet, Urteilskraft zu organisieren und hybride Intelligenz zu orchestrieren. Gute Entscheidungen sind nicht deshalb gut, weil sie schnell oder datenreich sind, sondern weil sie nachvollziehbar, verantwortbar und korrigierbar bleiben.

Entwickeln meint mehr als Personalentwicklung im klassischen Sinn. Es meint das bewusste Gestalten von Lernbeziehungen zwischen Menschen und KI-Systemen: Teams lernen durch KI-Feedback, KI-Systeme durch menschliche Rückmeldung, und Organisationen lernen dort, wo beides produktiv zusammengeführt wird. Was diese drei Aufgaben heute zusammenhält, ist die Synchronisation menschlicher, maschineller und organisationaler Lernbewegungen. Genau hier setzt der M^3-Ansatz an.

M^3: Mensch. Maschine. Mindset. 2

Die Integration künstlicher Intelligenz markiert keinen bloßen Technologiesprung – sie markiert einen strukturellen Wandel: Intelligenz wird skalierbar, Entscheidungen werden vorbereitet, unterstützt oder teilweise automatisiert. KI-Systeme lernen, adaptieren und handeln in immer mehr Kontexten eigenständig. Unter diesen Bedingungen lässt sich Führung nicht länger angemessen entlang einzelner Dimensionen oder klassischer Rollenmodelle beschreiben. Sie entsteht vielmehr im präzisen Zusammenspiel dreier Kräfte: *Mensch, Maschine und Mindset.*

Die Forschung zu sozio-technischen Systemen zeigt seit Jahrzehnten, dass Organisationen nie rein technisch und nie rein sozial funktionieren – Leistung entsteht im Zusammenspiel beider Ebenen. Mit agentischer KI verschiebt sich diese Logik. Die Maschine ist nicht länger Teil des technischen Subsystems, sondern wird zum Mitakteur im sozialen Gefüge. M^3 erweitert die klassische Zwei-Felder-Logik deshalb um eine dritte Dimension – das Mindset, das bestimmt, wie Mensch und Maschine zueinanderfinden.

Die M^3-Logik: eine multiplikative Führungslogik

M^3 fasst Führung im KI-Zeitalter als Zusammenspiel dreier Dimensionen: Mensch, Maschine und Mindset. Wirksamkeit lässt sich in diesem Verständnis nicht als Summe der Einzelfaktoren begreifen, sondern als Resultat ihres Zusammenwirkens.

Y. von Borcke, *M^3 – Mensch. Maschine. Mindset.*, essentials,
https://doi.org/10.1007/978-3-658-53258-1_2

Mensch umfasst alle Akteure entlang der Wertschöpfung: Kunden, Mitarbeiter, Führungskräfte, Partner. Er bleibt die Sinn- und Verantwortungsinstanz: Er setzt Werte, trägt die Konsequenzen und trifft jene normativen Entscheidungen, die sich zwar technisch vorbereiten, aber nicht legitim an Algorithmen delegieren lassen.

Maschine meint im M^3-Ansatz agentische KI: lernende Systeme, die Aufgaben eigenständig übernehmen und operative Entscheidungen vorbereiten oder treffen. Sie ist nicht nur Werkzeug, sondern Erweiterung des menschlichen Optionsraums – sie erkennt Muster, die ohne sie verborgen blieben, und skaliert Entscheidungsvorbereitung in einem Tempo, das Menschen allein nicht erreichen können.

Mindset bezeichnet im M^3-Ansatz die kulturelle Tiefenstruktur einer Organisation: die geteilten Annahmen, Routinen, Deutungsmuster und Erfolgsmaßstäbe, die bestimmen, wie Mensch und Maschine zueinanderfinden. M^3 knüpft damit an Scheins Verständnis von Organisationskultur an, in dem die grundlegenden, meist unausgesprochenen Annahmen die tiefste und prägendste Ebene bilden (Schein, 1985). Gemeint ist die kollektive, organisationale Ebene – nicht allein die individuelle Haltung.

Von Personen zu Systemen

Traditionelle Führungsansätze richten ihren Fokus auf die Führung von Menschen innerhalb stabiler Strukturen. Im Kontext intelligenter, vernetzter und teilweise autonomer Systeme greift dieses Verständnis zu kurz. Führung bedeutet heute, Interaktionen zwischen menschlicher und maschineller Intelligenz bewusst zu gestalten, einschließlich der mentalen Modelle, Annahmen und Entscheidungslogiken, die diese Zusammenarbeit prägen.

Im KI-Zeitalter gewinnen spezifisch menschliche Fähigkeiten – Urteilskraft, Empathie, Kreativität, ethische Reflexion – nicht an Bedeutung trotz, sondern gerade wegen intelligenter Maschinen. Je mächtiger die Werkzeuge, desto wichtiger wird der Mensch, der sie führt. Diese Fähigkeiten lassen sich als Metaskills verstehen (v. Borcke & Plohr, 2024), als übergeordnete menschliche Kompetenzen, die eine zentrale Voraussetzung dafür bilden, dass technologische Entwicklung nicht nur funktional, sondern auch gesellschaftlich und ethisch tragfähig bleibt.

M^3 steht damit für ein neues Leadership-Verständnis: weg von Kontrolle und Anweisung, hin zu Gestaltung, Rahmung und Verantwortung im Zeitalter der KI. Führungskräfte werden zu Architekten von Entscheidungs-, Lern- und Verantwortungsstrukturen, in denen Menschen und Maschinen gemeinsam Wert schaffen.

Tab. 2.1 Die neun Impulse im M^3-Modell. (Quelle: eigene Darstellung)

	Mensch	Maschine	Mindset
ICH	Selbstklarheit	Steuerungstiefe	Souveränität
WIR	Gegenprobe	Komposition	Zugehörigkeit
ALLE	Urteilskraft	Erklärbarkeit	Timing

Impulse statt Rezepte

Die nachfolgenden Impulse verdichten Erkenntnisse aus Forschung und Praxis zu Orientierungen für Führung im KI-Kontext. Sie sind bewusst keine fertigen Rezepte. Sie sollen vielmehr als ein Kompass fungieren und Hinweise auf grundlegende Dimensionen guter Führung im Zusammenspiel von Mensch, Maschine und Mindset geben. Ihr Ziel: Reflexion ermöglichen, Urteilskraft schärfen, Entwicklung anstoßen. Nicht durch abschließende Antworten, sondern durch tragfähige Fragen.

Die Impulse sind jeweils einer Dimension zugeordnet, wirken aber über diese hinaus. Wie sie sich auf das Modell verteilen, zeigt Tab. 2.1.

Die Auswahl der neun Impulse folgt für dieses Buch nicht dem Anspruch der Vollständigkeit, sondern der Logik neuralgischer Punkte. Jede der drei Dimensionen wird auf drei Ebenen zur Führungsentscheidung: beim eigenen Standpunkt (ICH), im Zusammenspiel mit anderen (WIR) und in der Organisation als Ganzes (ALLE).

Aus dieser Matrix ergeben sich die neun Impulse als die Stellen, an denen die abstrakte M^3-Logik konkret entscheidungsrelevant wird. Zu lesen sind sie nicht als Reihenfolge, sondern als Feld: Senkrecht beschreibt jede Spalte, wie eine Dimension vom Individuellen ins Organisationale reift; waagerecht zeigt jede Zeile, wie Mensch, Maschine und Mindset auf derselben Ebene ineinandergreifen. Was die neun Impulse schließlich zu einem lernenden System verbindet, ist nicht ihre Summe, sondern ihre Rückkopplung, der M^3-Loop, den Kap. 3 entfaltet.

2.1 Dimension: Mensch

Die drei Impulse dieser Dimension folgen der Progression vom Individuellen zum Organisationalen. **Selbstklarheit** fragt, wer ich als Führungskraft bin, bevor ich ein KI-System öffne. **Gegenprobe** nutzt KI als Spiegel für das eigene Denken und macht Widerspruch zum Teamprozess. **Urteilskraft** wird zur entscheidenden Führungsleistung, wenn alle Organisationen auf vergleichbare Modelle zugreifen und Differenzierung aus genuinem, menschlichem Urteil entsteht.

Impuls 1: Selbstklarheit - Mensch
Selbstklarheit lässt sich als die präzise Bestimmung eigener Werte, Urteilskriterien und Grenzen verstehen, um in einer KI-beschleunigten Welt souverän zu entscheiden. Wer seine roten Linien nicht kennt, kann sie weder in analogen Prozessen noch in digitalen Systemen wirksam schützen (in Anlehnung an George, 2003).

Wer heute als Führungskraft mit KI-Systemen arbeitet, kennt einen typischen Spannungszustand. Informationen sind jederzeit verfügbar, Analysen entstehen in Sekunden. Dass Entscheidungen damit automatisch besser würden, lässt sich allerdings nicht beobachten; mehr verfügbare Daten bedeuten nicht zwingend mehr Urteilsvermögen.

Dabei lassen sich zwei verbreitete Reaktionsmuster beobachten. Ein Teil der Führungskräfte verliert im Datenüberfluss die Orientierung, weil unklar bleibt, wonach überhaupt zu suchen ist. Andere delegieren Auswertung und Interpretation zunehmend an Systeme und erhalten so eine gefilterte Version der Wirklichkeit – im Vertrauen darauf, dass „die Daten ja sprechen" (Dewhurst & Willmott, 2014). Beiden Mustern liegt dasselbe Problem zugrunde: Wer nicht weiß, wonach er sucht, wird von Informationen überrollt; wer nicht weiß, wofür er steht, delegiert seine Entscheidungen an Systeme, die selbst keine Werte besitzen.

Mit leistungsfähiger KI verschärft sich diese Herausforderung. Wenn Systeme selbst Hypothesen und Bewertungen generieren, verschwimmt die Grenze, an der die menschliche Entscheidung endet und die systemische Vorstrukturierung beginnt. Solche Systeme agieren zunehmend autonom: Sie lernen, passen sich an und handeln in definierten Räumen ohne ständige Anweisung (Accenture, 2025). Führung verlagert sich damit von der situativen Einzelfallentscheidung auf die Gestaltung der Bedingungen, unter denen Entscheidungen überhaupt entstehen. Selbstführung wird so zur Voraussetzung von Führung. Sie verlangt Klarheit darüber, wer man als Führungskraft ist, wofür man steht und nach welchen Kriterien man urteilt. Selbstführung im KI-Zeitalter erfordert zwei Fähigkeiten, die in der Führungsliteratur häufig getrennt behandelt, in ihrer Wechselwirkung aber selten zusammen gedacht werden. *Standpunktfähigkeit* bezeichnet die Orientierung an Werten und Kriterien, die auch unter Druck Bestand hat; sie bildet die Grundlage normativer Entscheidungen und unterscheidet Führung von bloßer Reaktion. *Lernfähigkeit* beschreibt die Bereitschaft, eigene Annahmen zu prüfen, Perspektiven zu wechseln und aus Irrtümern Konsequenzen zu ziehen, ohne die eigene Position aufzugeben; sie wurzelt im Growth Mindset (Dweck, 2006) und steht in der Tradition des doppelschleifigen Lernens (Argyris & Schön, 1978).

Beide Fähigkeiten stehen in einem produktiven Spannungsverhältnis. Standpunktfähigkeit ohne Lernbereitschaft führt zu Rigidität, Lernfähigkeit ohne Standpunkt zu Beliebigkeit. Im KI-Zeitalter gewinnt diese Verschränkung an Bedeutung, weil die Halbwertszeit etablierter Annahmen sinkt, während die Notwendigkeit normativer Entscheidungen wächst.

In diesem Verständnis ist Selbstklarheit mehr als ein Ausdruck persönlicher Reife; sie ist die Voraussetzung wirksamer Selbststeuerung. Die Selbstbestimmungstheorie von Deci und Ryan (2000) zeigt, dass nachhaltige Entwicklung auf Autonomie, Kompetenzerleben und sozialer Eingebundenheit beruht: Menschen lernen und wachsen vor allem dann, wenn sie ihr Handeln als selbstbestimmt erleben. KI-gestützte Führung wirkt dort entwicklungsförderlich, wo sie Selbststeuerung stärkt, statt zu bevormunden, und wo sie fragt, statt vorzugeben.

Beispiel: Niklas Luhmann und sein Zettelkasten

Bereits in den 1980er-Jahren arbeitete der Soziologe Niklas Luhmann mit einem analogen Wissenssystem, das seiner Zeit weit voraus war: seinem berühmten Zettelkasten. Er sammelte darin nicht einfach Notizen, sondern verknüpfte Gedanken über Querverweise, Anschlussstellen und thematische Beziehungen. Der Zettelkasten war kein passives Archiv, sondern ein Resonanzraum des Denkens.

Der entscheidende Unterschied zu heutigen KI-Assistenten lag nicht nur in der Technik, sondern vor allem in der Reihenfolge des Erkenntnisprozesses: Luhmann dachte, bevor er das System konsultierte. Er wusste, welche Frage ihn beschäftigte, welche Unterscheidung relevant war und woran ein neuer Gedanke anschließen konnte. Der Zettelkasten erzeugte seine Klarheit nicht – er verstärkte sie (Luhmann, 1981). ◄

Dieses Prinzip skaliert KI heute in eine neue Dimension. Moderne Systeme machen Zusammenhänge über Hunderte von Dokumenten hinweg sichtbar; sie clustern Begriffe und decken Beziehungen auf, die zuvor nicht markiert waren. Orientierung wächst damit aber nicht automatisch. Im Gegenteil: Je leistungsfähiger das System, desto wichtiger wird die innere Referenz des Menschen.

Die Führungsfrage bleibt daher dieselbe: Was ist meine Frage, bevor ich das System öffne? Wer ohne Suchrichtung und Urteilskriterium mit KI arbeitet, erhält oft Rauschen und keine Klarheit.

Drei Führungspraktiken

Parameter als Werteübersetzung: KI-Systeme optimieren, was man ihnen vorgibt; warum die Vorgabe richtig ist, können sie nicht begründen. Wer Ziele, Schwellenwerte oder Eskalationsregeln definiert, übersetzt Werte in Systemlogik. Die Führungsfrage lautet deshalb nicht nur, was sich messen lässt, sondern auch, was man selbst dann nicht optimieren ließe, wenn es profitabel wäre. Was bewusst nicht gemessen wird, sagt oft mehr über die Führungshaltung aus als jedes Dashboard.

Ambiguität als Entscheidungsqualität: Selbstklarheit heißt nicht, permanent sicher zu sein, sondern mit Unsicherheit umzugehen, ohne sie durch vorschnelle Entscheidungen oder ausweichendes Zögern zu kaschieren. In der Praxis hilft eine kurze Selbstprüfung vor strategischen Entscheidungen, oft genügt eine Leitfrage: Würde ich diese Entscheidung auch ohne KI treffen? Wer ehrlich bejaht, sollte prüfen, ob die Daten der eigentliche Entscheidungsgrund sind oder nur die Begleitmusik.

Frage vor Antwort: KI liefert Antworten in Millisekunden. Führung braucht deshalb eine Verlangsamung, die nicht hemmt, sondern präzisiert: zuerst die Entscheidungsfrage formulieren, dann eine widerlegbare Hypothese benennen und erst danach die KI öffnen. So bleibt die Deutungshoheit beim Menschen. Je leistungsfähiger die Systeme werden, desto mehr verlagert sich die eigentliche Führungsleistung auf das, was vor der Antwort kommt: die Qualität der Frage.

M³-Code: Selbstklarheit

MENSCH	MASCHINE	MINDSET
Wofür stehe ich wirklich – unabhängig von Daten?	*Welche Parameter habe ich dem System gegeben – und kann ich sie vor meinem Gewissen begründen?*	*Stelle ich zuerst die Frage – oder lasse ich die Daten die Frage ersetzen?*

Impuls 2: Gegenprobe – Mensch

Gegenprobe ist die Fähigkeit, KI nicht als Bestätigungsmaschine zu nutzen, sondern als systematische Irritation des eigenen Denkens. Sie verbindet maschinelle Konsistenz mit menschlicher Deutungskompetenz und macht Widerspruch zum Führungsinstrument (nach Aboumoussa & Pfister, 2024).

Eine Führungskraft sitzt morgens vor drei geöffneten Dashboards. Die Kennzahlen sind aktuell, die Analysen liegen vor, die Empfehlungen sind generiert. Die Entscheidung, die in wenigen Stunden fallen muss, ist vorbereitet - von Systemen, die nicht ermüden und nicht zweifeln. Und dennoch fehlt etwas: die Gewissheit, dass diese Entscheidung trägt. Das liegt nicht an unzureichenden Daten, sondern an einer offenen Frage, daran, was die Daten eigentlich beantworten sollen.

KI-Systeme liefern Antworten schneller, als Menschen tragfähige Fragen formulieren können. Aboumoussa und Pfister (2024) zeigen in ihrer Studie zur Leadership-Entwicklung im KI-Zeitalter, dass die zentrale Herausforderung weniger in der Technologie liegt als in der fehlenden Reflexion. Führungskräfte delegieren dabei zunehmend nicht nur Analysen, sondern auch das kritische Denken, oft, ohne es zu bemerken. Generative KI verstärkt das Muster: Sie erzeugt Plausibilität und erweckt damit den Eindruck von Urteilsvermögen. Wer das eigene Denken nicht zu beobachten gelernt hat, wird von dieser Plausibilität überrollt.

Dabei lässt sich KI auch anders einsetzen, als Quelle von Rückfragen statt von Antworten. Das System spiegelt Perspektiven und formuliert Antithesen; es erzwingt damit eine Selbstbeobachtung, die im operativen Alltag häufig verloren geht. Das Konzept des Transformationslernens (Mezirow, 1991) beschreibt diesen Mechanismus: Tiefe Veränderung entsteht durch die Irritation stabiler Überzeugungen. Solche Irritationen kann KI systematisch erzeugen, ohne Gesichtsverlust und ohne soziale Eskalation.

Zugleich ist die vermeintliche Neutralität der KI eine Illusion. Systeme spiegeln Muster, Verzerrungen und implizite Normen aus ihren Trainingsdaten und Nutzungskontexten. Verantwortungsvolle Gestaltung und klare Governance sind daher keine optionale Ergänzung, sondern Führungsaufgabe. Candelon et al. (2023) zeigen, dass generative KI die Kreativität einer Gruppe nicht nur nicht steigert, sondern sogar hemmen kann, sobald individuelle Konformität an die Stelle kollektiver Reibung tritt.

Beispiel: Coinbase – Widerspruch als Entscheidungsarchitektur

Coinbase, eine der weltweit größten Kryptowährungsplattformen, nutzt seit mehreren Jahren das sogenannte RAPID-Framework, um Entscheidungen klar zu strukturieren. Auf dieser Grundlage wurde das Modell um eine KI-gestützte Erweiterung ergänzt: *RAPID-D* (Coinbase, 2025):

Jede relevante Entscheidung wird als strukturiertes Dokument erfasst, in dem mehrere spezialisierte KI-Agenten definierte Rollen übernehmen:

- Der **Verdichter** komprimiert die Argumentation und formuliert eine neutrale Ausgangsbewertung.
- Der **Kontextprüfer** sucht gezielt nach fehlenden Informationen und blinden Flecken.

- Der **Advocatus Diaboli** übernimmt die Rolle des bewussten Widerspruchs und entwickelt die stärkstmögliche Gegenposition.
- Der **Synthetisierer** führt diese Perspektiven zusammen und macht Zielkonflikte explizit sichtbar.

Das Ergebnis ist keine automatisierte Entscheidung, sondern eine nachvollziehbare Grundlage, die Annahmen, Risiken und Alternativen transparent macht. Die finale Entscheidung bleibt bewusst beim Menschen, fällt jedoch unter deutlich höherer argumentativer Spannung. Der Designgedanke dahinter: Coinbase institutionalisiert den Widerspruch. KI wirkt hier nicht als reines Effizienzwerkzeug, sondern als strukturierte Gegenstimme im Entscheidungsprozess. ◄

Drei Führungspraktiken

Coach, nicht Krücke. KI ersetzt das kritische Denken nicht; sie fordert es heraus. Die Praktik lautet: Rollenklärung vor jedem Einsatz. Der Mensch bleibt Entscheider, die KI dient als Spiegel und Gegenstimme. Vor dem Öffnen des Dashboards wird die Entscheidungsfrage formuliert, samt einer Hypothese, die widerlegt werden könnte. Erst dann liefern die Systeme Daten. So bleibt die Deutungshoheit beim Menschen.

Reflexion als Mikro-Ritual. Selbstbeobachtung ist operative Führungsarbeit, keine philosophische Übung. Die Praktik: vor jeder Schlüsselentscheidung eine kurze, strukturierte Session mit dem KI-System als Gegenstimme. Das Ergebnis ist keine ausformulierte Analyse, sondern maximale Verdichtung, eine Entscheidung, eine zugrunde liegende Annahme, eine Stoppliste. Zwei Fragen helfen: Welche Annahme behandle ich gerade wie eine Tatsache? Was würde mich vom Gegenteil überzeugen?

Institutionalisierter Widerspruch. Führung scheitert selten an fehlenden Daten, häufiger an fehlender Opposition. Jede relevante Entscheidung sollte mindestens eine starke Gegenposition erhalten – maschinell erzeugt, menschlich geprüft.

Gegenprobe verbindet maschinelle Konsistenz mit menschlicher Deutungskompetenz. Zwei Kräfte bedingen sich dabei gegenseitig. Die eine ist die strukturierte Gegenstimme: KI stellt konsistent Rückfragen, generiert Alternativen und produziert Widerspruch.

Die andere ist die Selbstbeobachtung als menschliche Kernkompetenz: die Fähigkeit, eigene Denkmuster zu erkennen, Verzerrungen zu korrigieren und die Urteilskraft bewusst zu entwickeln.

M³-Code: Gegenprobe		
MENSCH	MASCHINE	MINDSET
Wann habe ich zuletzt eine eigene Annahme aktiv widerlegt?	*Nutze ich KI als Bestätigungsmaschine – oder als Gegenstimme?*	*Ist Widerspruch in meiner Organisation Prozessstandard – oder Zufallsprodukt?*

Impuls 3: Urteilskraft – Mensch
Urteilskraft (nach Gigerenzer, 2007*) ist die Fähigkeit, jenseits der Daten zu entscheiden – dort, wo Modelle Optimierung liefern, aber keine Orientierung. Sie verbindet schnelle Mustererkennung mit bewusster Skepsis gegenüber den eigenen Mustern.*

Porter (1985) beschrieb Wettbewerbsvorteile, die auf Informationsasymmetrien beruhen. In einer Welt, in der alle Akteure auf vergleichbare KI-Modelle zugreifen, verschwinden eben diese Asymmetrien. Birkinshaw (2020) illustriert das am Finanzsektor: Fondsgesellschaften und Banken nutzen zunehmend ähnliche KI-basierte Entscheidungssysteme, was zu regelmäßig konvergierenden Renditen und schwindenden Differenzierungsvorteilen führt. Was unter diesen Bedingungen bestehen bleibt, ist die Urteilskraft, also die Fähigkeit, aus denselben Daten *andere S*chlüsse zu ziehen.

Mehr Daten erzeugen leicht die Illusion, bessere Informationen führten automatisch zu besseren Entscheidungen. In komplexen Lagen entsteht Entscheidungsqualität jedoch nicht allein aus Rechenleistung, sondern aus dem Zusammenspiel von Erfahrung, Kontextgefühl und einer reflektierten Skepsis gegenüber den eigenen Mustern. Künstliche Intelligenz erzeugt zwar eine sprachlich überzeugende und statistisch fundierte Simulation von Intuition, bleibt dabei aber ohne leibliche Erfahrung und ohne Verantwortung für die Konsequenzen ihres Urteils.

Eine Studie von Bruhin et al. (2025) belegt einen ambivalenten Befund: Generative KI unterstützt das komplexe Problemlösen, schwächt zugleich aber die kritische Urteilsfähigkeit ihrer Nutzer. Wer maschinelle Ergebnisse routinemäßig übernimmt, verlernt allmählich die Fähigkeit, sie zu hinterfragen, sodass KI bestehende Muster eher verstärkt als durchbricht (Aboumoussa & Pfister, 2024). Während maschinelle Systeme zur Konvergenz neigen, liegt der Beitrag menschlicher Urteilskraft gerade in der Differenzierung.

Polanyi (1966) beschreibt mit dem Konzept des impliziten Wissens (Tacit Knowledge), dass erfahrungsbasiertes Wissen sich häufig nicht vollständig artikulieren lässt und gleichwohl wirksam bleibt. Eben diese Ressource gerät unter Druck: Mit der zunehmenden Delegation von Entscheidungen an KI-Systeme wird Erfahrungswissen seltener geübt, verdichtet und weitergegeben. Urteilskraft ist insofern keine feststehende Eigenschaft, sondern eine Kompetenz, die sich nur durch fortlaufende Anwendung erhält und bei nachlassender Übung erodiert.

Beispiel: Liquid Death

Kein Analysemodell hätte vorhergesagt, dass eine Mineralwassermarke in Bierdosen mit Totenkopf-Ästhetik erfolgreich sein könnte. Der Gründer Mike Cessario beobachtete als Musiker auf Punk-Konzerten, dass Bandmitglieder ihr Wasser in leere Energy-Drink-Dosen umfüllten, weil die herkömmliche Wasserflasche nicht zu ihrem Selbstbild passte. Das eigentliche Problem lag damit nicht im Produkt, sondern in seiner Inszenierung als Teil einer Identität – ein Muster, das in keiner Marktstudie auftauchte und auf einer verdichteten Erfahrung beruhte, die Cessario erkannte, bevor sie sich messen ließ (Raz, 2020). Innerhalb weniger Jahre entwickelte sich Liquid Death zur am schnellsten wachsenden Wassermarke der USA, weil ein Mensch eine Lücke erkannte, die sich keinem Algorithmus modellieren ließ. Das Beispiel verdeutlicht, dass der entscheidende Wettbewerbsvorteil nicht in der Rechenleistung liegt, sondern in der Fähigkeit, Muster zu erkennen, die sich in vorhandenen Daten noch nicht abbilden. ◄

Drei Führungspraktiken

Intuition institutionalisieren: Damit intuitive Wahrnehmung nicht dem Zufall überlassen bleibt, benötigt sie feste Strukturen. Hilfreich ist ein fester Tagesordnungspunkt für schwache Signale in jedem Strategiemeeting, der Raum für Beobachtungen schafft, die sich noch nicht in Daten belegen lassen. Ergänzend sichert ein bewusster Perspektivenmix kognitive Diversität statt eines scheinbaren Konsenses (Page, 2017), und eine knappe Dokumentation hält fest, welche Einschätzungen aus welchen Gründen Unbehagen auslösen – weniger als Protokoll denn als Führungsinstrument.

Den Algorithmus begründet überstimmen: Das Überstimmen einer maschinellen Empfehlung sollte keine reflexhafte Reaktion sein, sondern eine bewusste Führungsentscheidung in drei Schritten: Zunächst gilt es, das eigene Unbehagen präzise zu benennen, anschließend eine Gegenhypothese aus der eigenen Erfahrung zu formulieren und schließlich die Verantwortung für das damit verbundene Risiko ausdrücklich zu übernehmen.

Intuition und Analyse sequenzieren: Die Reihenfolge beider Schritte beeinflusst die Qualität der Entscheidung maßgeblich. Wer zunächst ein eigenes Urteil bildet, bevor er die KI heranzieht, nutzt die maschinelle Analyse als Gegenprobe und bewahrt die eigene Deutungshoheit. Wird hingegen zuerst das System konsultiert, orientiert sich die eigene Einschätzung unbemerkt an dessen Vorgaben.

Maschinelle Systeme erzeugen Konvergenz, während menschliche Urteilskraft die notwendige Differenzierung leistet; die Führungsaufgabe besteht darin, situativ zu bestimmen, welche von beiden im jeweiligen Fall den Ausschlag gibt. Urteilskraft bildet damit jenen Beitrag, der sich der Automatisierung entzieht. Sie zielt nicht darauf, gegen die Daten zu entscheiden, sondern über sie hinauszugehen – dort, wo die Reichweite der Modelle endet und die Verantwortung der Führung beginnt. Sie verbindet zwei scheinbar gegenläufige Fähigkeiten: das Vertrauen in eigene Muster, das auch bei dünner Datenlage ein rasches Urteil erlaubt, und die Skepsis gegenüber denselben Mustern, die etablierte Routinen gerade dann hinterfragt, wenn sie sich bewährt haben.

M^3-Code: Urteilskraft

MENSCH	MASCHINE	MINDSET
Wo entscheide ich gegen die Daten – und kann es begründen?	*Wo liefert KI Konvergenz, und wo bräuchte es Differenzierung?*	*Vertraue ich meiner Erfahrung noch – oder nur noch der KI?*

2.2 Dimension: Maschine

Die drei Impulse dieser Dimension folgen einem Bogen vom individuellen Eingriff zur organisationalen Verantwortung: **Steuerungstiefe** fragt, wann Führung eingreift und wann sie loslässt, je nach Gewicht der Entscheidung. **Komposition** adressiert das Zusammenspiel mehrerer KI-Agenten, denn nicht der beste Agent entscheidet, sondern das beste Kollektiv. **Erklärbarkeit** fordert, dass jede KI-gestützte Entscheidung nachvollziehbar begründet werden kann, nicht technisch, sondern inhaltlich.

Impuls 4: Steuerungstiefe – Maschine
Steuerungstiefe (nach Anthony et al., 2023) ist die Fähigkeit, den Grad menschlicher Intervention in KI-gestützten Prozessen bewusst zu dosieren – situativ, risikoproportional und reversibel. Autonomie ist keine rein technische Eigenschaft des Systems, sondern eine Führungsentscheidung.

Vollständige Kontrolle kostet Geschwindigkeit, während vollständiges Loslassen die Verantwortung nicht aufhebt. Zwischen diesen beiden Polen liegt die zentrale Führungsaufgabe im KI-Zeitalter: zu bestimmen, wie tief eine Führungskraft in einen Prozess eingreift – abhängig von Kontext, Entscheidungsgewicht und Risiko.

KI verschiebt diese Frage grundlegend: Systeme recherchieren, verdichten Informationen und bereiten Entscheidungen vor, häufig ohne ständige Anweisung. Technologie wird damit vom Werkzeug, das man bedient, zum Gegenüber, das eigenständig vorarbeitet. Für Führung entsteht daraus ein Zwiespalt: Sie gewinnt an Kapazität, weil das System ihr Arbeit abnimmt, und verliert zugleich an Einblick, weil sie seltener nachvollzieht, wie ein Ergebnis zustande gekommen ist. Raisch und Krakowski (2021) bezeichnen dies als Automation-Augmentation-Paradox: Automatisierung und das ergänzende Zusammenspiel von Mensch und Maschine wirken in entgegengesetzte Richtungen, da der Mensch jene Tätigkeiten, die das System übernimmt, zunehmend selbst nicht mehr ausübt.

Steuerungstiefe löst diesen Zwiespalt nicht auf, macht ihn jedoch gestaltbar: Routineprozesse mit klar definierten Qualitätsgrenzen laufen autonom. Folgenreiche, ethisch sensible oder strategisch einmalige Entscheidungen bleiben beim Menschen.

Beispiel: Trumpf – Wann entscheidet der Mensch?

In der Produktionshalle von Trumpf, dem Weltmarktführer für industrielle Lasersysteme, schneidet ein Laser Hunderte verschiedener Bauteile aus einer einzigen Blechtafel. Während früher Werker anhand von Papierlisten prüften, welches Teil zu welchem Auftrag gehörte, markiert heute ein KI-Assistenzsystem, der sogenannte Sorting Guide, die Teile farbig auf einem Bildschirm und weist sie automatisch den richtigen Behältern zu (Trumpf, 2020). Die Steuerungstiefe ist dabei bewusst kalibriert: Standardbauteile erkennt das System fehlerfrei und sortiert sie autonom, ohne menschlichen Eingriff. Lässt sich ein Teil aufgrund von Schmauchspuren oder Reflexionen nicht eindeutig identifizieren, stoppt das System den Vorgang und kennzeichnet es als ungeklärt. Dieser Eingriff ist risikoproportional, denn ein falsch sortiertes Teil kann in der Weiterverarbeitung zu teurem Ausschuss oder zu Maschinenbruch führen. Die Führungsentscheidung liegt somit nicht im Einzelfall, sondern in der Architektur: Bei Aufträgen mit engen Toleranzen gilt das Prinzip „Human-in-the-Loop", das eine menschliche Bestätigung verbindlich vorschreibt, während bei Standardware nach dem Prinzip „Human-out-of-the-Loop" die KI autonom entscheidet. ◄

Drei Führungspraktiken

Autonomie vorab festlegen. Vor dem Einsatz eines Systems klärt Führung, welche Entscheidungen es eigenständig treffen darf, welche eine menschliche Bestätigung erfordern (Human-in-the-Loop) und welche grundsätzlich dem Menschen vorbehalten bleiben. Die Zuordnung orientiert sich an drei Prüffragen: ob ein Fehler korrigierbar ist, wer die Konsequenzen trägt und ob der Entscheidungsweg nachvollziehbar bleibt.

Eingriffe begründen. Jeder Eingriff in einen autonomen Prozess verlangt eine Begründung: Die Führungskraft muss erläutern können, welche Information das System übersehen hat und welches Risiko ihre Intervention rechtfertigt. Auf diese Weise wird die Korrektur zu einer verantworteten Führungsleistung.

Eskalationspunkte definieren. Sinnvoll sind vorab festgelegte Übergabepunkte, an denen ein Vorgang an den Menschen zurückfällt: bei Qualitätsverletzungen, widersprüchlichen Empfehlungen, regulatorischen oder ethischen Grenzfällen sowie in unbekannten Situationen.

Steuerungstiefe bedeutet damit nicht weniger Kontrolle, sondern deren bessere Verteilung. Im M³-Modell markiert sie den kritischen Übergang zwischen Mensch und Maschine, an dem sich entscheidet, wer wann handelt. Wer sämtliche Vorgänge selbst prüft, wird zum Engpass; wer unkritisch delegiert, gibt Verantwortung preis. Die Führungsaufgabe besteht darin, genau diesen Zwischenraum bewusst zu kalibrieren.

M³-Code: Steuerungstiefe

MENSCH	MASCHINE	MINDSET
Wann habe ich zuletzt eingegriffen – und wäre es besser gewesen, es nicht zu tun?	*Kennt das System seine Grenzen – und gibt es einen klaren Weg zurück zum Menschen?*	*Ist Autonomie eine bewusste Entscheidung – oder bereits Gewöhnung?*

Impuls 5: Komposition - Maschine

Komposition ist die Fähigkeit, ein Multi-Agent-System als produktives Ganzes zu führen – nicht durch Mikromanagement jedes Agenten, sondern durch Architektur, Regeln und Intervention an kritischen Punkten. Entscheidend ist hierbei nicht die Leistung des einzelnen Agenten, sondern die des Kollektivs (Cui & Yasseri, 2024).

Michelangelo gilt als Inbegriff des einsamen Genies. Die Realität war eine andere: In seiner Bottega (Werkstatt) arbeiteten Dutzende gleichzeitig: Lehrlinge grundierten die Bilder, Gesellen mischten die Pigmente, Spezialisten übertrugen die Entwürfe. Michelangelo selbst entwarf die Gesamtanlage, definierte die Standards und verteilte die Aufgaben nach Kompetenz; er übernahm nur, was sich nicht delegieren ließ: die Gesichter, die Hände und den finalen Schliff. Fünfhundert Jahre später kehrt das Prinzip der Werkstatt zurück, nun jedoch in Gestalt arbeitsteilig kooperierender Software-Agenten.

Ein einzelner KI-Agent bleibt beherrschbar; Steuerungstiefe (Impuls 4) regelt dieses Verhältnis. In fortgeschrittenen Organisationen entstehen jedoch Agentenkollektive, bei denen sich die entscheidende Frage verschiebt: nicht mehr, wie gut der einzelne Agent arbeitet, sondern wie tragfähig das Zusammenspiel ist. Dass die Leistung eines solchen Kollektivs weniger am einzelnen Agenten als an Rollenteilung und Koordination hängt, zeigen Multi-Agenten-Frameworks wie MetaGPT (Hong et al., 2024). Ein funktionierendes Kollektiv beruht dabei auf drei klar getrennten Funktionen: der Ausführung durch spezialisierte Agenten, der Koordination durch einen Aggregator, der Aufgaben verteilt und Übergaben steuert, sowie der Bewertung durch Evaluatoren, welche die Ergebnisqualität prüfen (Theoriq, 2024).

Beispiel: Die Vertriebs-Werkstatt mit Salesforce

Ein Vertriebsleiter steuert eine globale B2B-Kampagne, bei der auf der Salesforce-Plattform Agentforce vier KI-Agenten arbeitsteilig zusammenwirken (Salesforce, 2024): Der erste erkennt Kaufsignale, der zweite formuliert E-Mails, der dritte pflegt das CRM, der vierte plant Termine. Jeder Agent erfüllt seine Aufgabe, und gerade darin liegt das Problem, denn jeder optimiert allein auf seine eigene Kennzahl – auf schnelle Signale, hohe Antwortquoten, vollständige Daten oder dichte Kalender. Das Ergebnis sind vier lokale Optima, aber oft keine kohärente Kundenbeziehung. Die einzelnen Aktionen sind selten falsch, in ihrer Summe jedoch häufig inkonsistent: etwa eine personalisierte E-Mail im Moment eines laufenden Vertragsabschlusses oder ein zweiter Termin innerhalb von 48 h bei einem Großkunden, der den ersten kaum verarbeitet hat.

Komposition bedeutet in diesem Kontext, dass der Vertriebsleiter das Kollektiv nicht durch die Kontrolle jeder einzelnen E-Mail verantwortet, sondern durch die Architektur, die die Agenten miteinander verbindet (Theoriq, 2024): durch geregelte Übergaben, definierte Eskalationswege für Konflikte und eine Instanz, die das Gesamtbild prüft. In dieser Architektur liegt die Führungsleistung, die das Kollektiv zusammenhält. ◄

Drei Führungspraktiken

Governance vor Einsatz: Bevor Agenten produktiv eingesetzt werden, klärt Führung drei Fragen: welche Aktionen autonom erlaubt und welche freigabepflichtig sind, wie Entscheidungen und Quellen dokumentiert werden und unter welchen Bedingungen eine menschliche Intervention ausgelöst wird. KI-Agenten machen in der Anfangsphase Fehler, ähnlich wie neue Mitarbeiter; ohne einen solchen Governance-Rahmen bleibt ihre Autonomie jedoch beliebig.

Schnittstellen aktiv gestalten: Die kritischen Punkte liegen selten im einzelnen Agenten, sondern in den Übergängen zwischen ihnen; ein leistungsfähiger Agent, der seine Ergebnisse nicht sauber weitergeben kann, bleibt wirkungslos. Für jede Schnittstelle sind daher der erwartete Input und das erwartete Ergebnis, die Validierungskriterien sowie ein Fallback für den Fall des Scheiterns zu dokumentieren. Vorrang hat dabei nicht die Optimierung der einzelnen Agenten, sondern die Klärung ihrer Übergaben.

Gesamtergebnis vor Einzelleistung: Nach der Logik der Werkstatt wird zunächst das Gesamtergebnis betrachtet – so, wie ein Kunde es wahrnehmen würde – und erst danach das Detail. Drei Prüffragen leiten diese Betrachtung: ob sich die einzelnen Outputs widersprechen, ob eine entscheidende Perspektive fehlt und ob das Ergebnis menschlich nachvollziehbar und verantwortbar ist. Stimmt das Gesamtbild nicht, liegt die Ursache selten beim einzelnen Agenten, sondern in der Komposition.

Komposition hält zwei Kräfte in produktiver Spannung: die lokale Optimierung jedes einzelnen Agenten und die Kohärenz des gesamten Kollektivs. Was den einzelnen Agenten effizienter macht, kann das Gesamtbild beeinträchtigen. Als Führungskompetenz vermittelt Komposition deshalb zwischen Einzelleistung und Gesamtwirkung, und zwar über die Architektur des Zusammenspiels, nicht über den Eingriff in den einzelnen Agenten. Verantwortet wird am Ende, was diese Architektur hervorbringt.

M³-Code: Komposition

MENSCH	MASCHINE	MINDSET
Verantworte ich das Ganze – oder nur die Teile, die ich selbst geprüft habe?	*Funktionieren die Übergaben zwischen den Agenten – oder nur die Agenten selbst?*	*Optimiere ich Einzelleistungen – oder das Zusammenspiel?*

Impuls 6: Erklärbarkeit – Maschine

Erklärbarkeit ist die Fähigkeit, jede KI-gestützte Entscheidung so zu begründen, dass Betroffene sie nachvollziehen und anfechten können – nicht technisch, sondern inhaltlich (nach Miller, 2019*).*

Der bloße Hinweis, die KI habe eine Entscheidung empfohlen, stellt keine Begründung dar, sondern einen Verzicht auf Verantwortung. Wird die Begründung durch den Verweis auf das System ersetzt, geht die Zurechenbarkeit der Entscheidung verloren.

Mit KI verschiebt sich ein Grundproblem der Führung: Entscheidung und Begründung fallen auseinander. Systeme liefern Empfehlungen, Scores oder Prioritäten in hoher Geschwindigkeit; je leistungsfähiger die Modelle jedoch werden, desto schwerer lässt sich ihr Weg zum Ergebnis rekonstruieren. Harth et al. (2025) beschreiben diese Entkopplung als zentrales Merkmal agentischer Systeme: Während in klassischen Hierarchien der Entscheider zugleich der Erklärende war, fallen beide Rollen in KI-gestützten Systemen auseinander. Eben diese Lücke zwischen Entscheidung und Begründung muss Führung schließen.

Beispiel: Air Canada – Wenn der Chatbot spricht, antwortet das Unternehmen

Im November 2022 fragte Jake Moffatt den Chatbot auf der Website von Air Canada nach den Bedingungen für einen Trauerflugtarif. Der Bot antwortete, er könne den Rabatt bis zu 90 Tage nach dem Flug beantragen. Tatsächlich verlangte die Air-Canada-Richtlinie eine vorherige Genehmigung. Moffatt buchte die Flüge zur Beerdigung seiner Großmutter, reichte fristgerecht den Antrag ein – und wurde abgelehnt.

Air Canada argumentierte vor Gericht, der Chatbot sei eine eigenständige Instanz, für deren Aussagen das Unternehmen nicht verantwortlich gemacht werden könne. Das Gericht wies diese Position deutlich zurück (Moffatt vs. Air Canada, 2024): Wer einen Chatbot auf seiner Website betreibt, schuldet seinen Kunden eine Sorgfaltspflicht für dessen Aussagen. Die Fluggesellschaft hatte diese Pflicht verletzt und musste den Differenzbetrag erstatten.

Der Fall macht juristisch sichtbar, was im KI-Zeitalter strukturell gilt: Verantwortung lässt sich nicht an einen Algorithmus delegieren. „Das hat der Chatbot gesagt" ist keine Verteidigung — weder vor dem Kunden noch vor dem Gericht. Wer ein KI-System einsetzt, das im Namen des Unternehmens spricht oder entscheidet, übernimmt dessen Wort. ◄

Drei Führungspraktiken

Begründungstest: Vor jeder wesentlichen KI-gestützten Entscheidung empfiehlt sich eine einfache Prüffrage: Würde ich diese Entscheidung auch treffen, wenn ich sie einem Betroffenen persönlich erklären müsste? Die Antwort markiert die Grenze zwischen einer bloß übernommenen Empfehlung und einer wirklich durchdrungenen Entscheidung. Der Verweis „Das Modell sagt es" genügt dafür nicht; verlangt ist vielmehr der Satz „Ich entscheide so, weil ...", den die Führungskraft selbst zu Ende führen kann. Gelingt ihr das nicht, hat sie die Entscheidung nicht durchdrungen.

Übersetzungsroutine: Wo KI-Systeme Antworten, Scores und Empfehlungen liefern, schulden Menschen die zugehörigen Gründe. Erklärbarkeit setzt deshalb eine Übersetzungsarbeit voraus, die in der Praxis nur selten institutionalisiert ist. Drei Fragen tragen diese Routine: welche Daten der Entscheidung zugrunde lagen, welche Logik zum Ergebnis führte und was das Modell nicht erfasst hat. Die dritte Frage wiegt am schwersten, denn jedes Modell hat blinde Flecken, die erst durch die Übersetzung sichtbar werden.

Widerspruchsarchitektur: Erklärbarkeit wird erst wirksam, wenn Betroffene widersprechen können. Jede KI-gestützte Entscheidung, die Mitarbeiter, Kunden oder Partner wesentlich betrifft, benötigt deshalb einen definierten Einspruchsweg, der nicht als bloßer Beschwerdekasten angelegt ist, sondern als strukturierter Rückkanal mit Prüfpflicht und Antwortfrist. Erst diese Architektur überführt eine technische Begründungsfähigkeit in eine organisationale Rechenschaftspflicht.

Die Maschine erzeugt eine Prognose, während der Mensch die Begründung schuldet; die Führungsaufgabe besteht darin, beides nicht zu verwechseln. Erklärbarkeit ist die unbequemste Fähigkeit im KI-Zeitalter, weil sie Prozesse verlangsamt; gerade in dieser Verlangsamung liegt jedoch ihr Wert.

M^3-Code: Erklärbarkeit		
MENSCH	MASCHINE	MINDSET
Kann ich diese Entscheidung begründen – ohne auf den Algorithmus zu verweisen?	*Hat das System blinde Flecken – und weiß ich, welche?*	*Gibt es einen Weg, dieser Entscheidung zu widersprechen?*

2.3 Dimension Mindset

Die drei Impulse dieser Dimension entfalten sich von der individuellen Haltung zur organisationalen Kalibrierung: **Souveränität** fragt, ob Führung auch ohne algorithmische Stütze handlungs- und urteilsfähig bleibt - nicht als Rückfall ins Analoge, sondern als Bedingung für Augenhöhe mit der Maschine. **Zugehörigkeit** klärt, wie Bindung entsteht, wenn Maschinen skalieren, aber Menschen Orientierung brauchen. **Timing** bestimmt, wann KI in einen Prozess eintritt, und wann Führung bewusst darauf verzichtet, weil menschliches Denken zuerst Raum braucht.

Impuls 7: Souveränität - Mindset
Souveränität ist die Fähigkeit, auch ohne algorithmische Stütze handlungs- und urteilsfähig zu bleiben – nicht als Rückfall in analoge Zeiten, sondern als Bedingung für Augenhöhe mit der Maschine. Wer Kompetenz delegiert, ohne sie aktiv zu pflegen, verliert sie (vgl. empirisch dazu die Effekte bei Shen & Tamkin, 2026).

Künstliche Intelligenz steigert Geschwindigkeit, Präzision und Skalierbarkeit, erzeugt zugleich aber eine Nebenwirkung, die in den üblichen Kennzahlen nicht erscheint: die schleichende Erosion menschlicher Kompetenz. Der zugrunde liegende Mechanismus lässt sich präzise benennen: Die dauerhafte Delegation von Analysen an Sprachmodelle mindert die Fähigkeit zur eigenständigen Strukturierung, und die routinemäßige Vorbereitung von Entscheidungen durch Empfehlungssysteme schwächt das Urteilsvermögen unter Unsicherheit. Dieser Verlust vollzieht sich in kleinen Verschiebungen, die einzeln kaum auffallen, in der Summe jedoch die Urteilsbasis verändern. Eine undosierte Nutzung blockiert den Aufbau tieferen Verständnisses (Shen & Tamkin, 2026); in der internationalen Debatte hat sich dafür der Begriff der Cognitive Debt, der kognitiven Schuld, etabliert.

Das Paradox ist struktureller Natur: Eine höhere Effizienz der KI verstärkt die Versuchung, sie durchgängig einzusetzen, während eben dieser durchgängige Einsatz die Kompetenz schwächt, ihre Empfehlungen sachgerecht zu prüfen oder zu verwerfen. Automatisierung verspricht damit Kontrolle und erzeugt zugleich Abhängigkeit (Harth et al., 2025). Souveränität bezeichnet die Führungsaufgabe, diese beiden Kräfte auszubalancieren und die KI zu nutzen, ohne das eigene Können zu verlernen.

Beispiel: Flugkapitän Chesley Sullenberger – 42 Jahre für 4 min

Im Januar 2009 verlor ein Flug von US Airways kurz nach dem Start durch Vogelschlag beide Triebwerke. Captain Sullenberger blieben weniger als vier Minuten für eine Entscheidung: Die Fluglotsen drängten auf eine Rückkehr zum Flughafen LaGuardia, während die vorgesehene Checkliste auf größere Flughöhen ausgelegt war. Sullenberger verwarf beide Vorgaben und wasserte auf dem Hudson River; alle 155 Insassen überlebten (Sullenberger & Zaslow, 2009).

Handlungsfähig machte ihn nicht die Technologie, sondern eine über Jahrzehnte aufgebaute Erfahrung: 42 Jahre als Pilot, eine Vergangenheit als Kampf- und Segelflieger sowie die nebenberufliche Tätigkeit, Berufspiloten das manuelle Fliegen beizubringen. Damit beherrschte er eine Fähigkeit, die er im Routinebetrieb nahezu nie benötigte. Nach demselben Prinzip verfährt die Lufthansa Aviation Training mit Flugsimulatoren und halbjährlichen Stresstests, um einem Automatisierungsparadoxon zu entgehen: Je zuverlässiger Autopiloten im Alltag arbeiten, desto untrainierter sind Piloten, wenn diese Systeme plötzlich komplett ausfallen. ◄

Drei Führungspraktiken

Stresstest: Einmal pro Quartal bearbeitet das Führungsteam eine reale Entscheidungssituation bewusst ohne KI-Unterstützung. Die anschließende Auswertung folgt drei Fragen: in welchen Fällen das Team ohne System zu besseren Ergebnissen kam, wo es langsamer, aber nicht schlechter entschied und an welcher Stelle es scheiterte, weil die entsprechende Kompetenz bereits erodiert ist.

Fallback-Architektur: Für jeden KI-gestützten Kernprozess sind vier Fragen zu klären: wie der Prozess ohne KI abläuft, wer ihn ausführen kann, welches Wissen verloren geht, wenn ausschließlich das System arbeitet, und wie schnell sich der Betrieb manuell übernehmen lässt.

Kompetenzpflege: Eine jährliche Kompetenzinventur klärt drei Fragen: welche Fähigkeiten an KI delegiert wurden, welche davon im Ernstfall kritisch sind und wie sie trainiert werden. Nicht jede Fähigkeit muss erhalten bleiben; was jedoch im Ernstfall über Erfolg und Scheitern entscheidet, darf nicht delegiert werden, ohne weiter geübt zu werden. Darin liegt das Besondere der Souveränität: Sie zählt zu den teuersten Fähigkeiten einer Organisation, weil sie im Normalfall nicht benötigt wird und Ressourcen für Szenarien bindet, die womöglich nie eintreten. Aus dieser Seltenheit erklärt sich beides – ihre Vernachlässigung im Alltag und ihr Wert im Ernstfall.

M³-Code: Souveränität

MENSCH	MASCHINE	MINDSET
Welche Fähigkeit habe ich an KI delegiert – und zuletzt ohne KI ausgeübt?	*Gibt es für jeden KI-gestützten Kernprozess einen getesteten Fallback?*	*Investieren wir in die Kompetenz, unsere Systeme zu überstimmen – oder nur in ihre Effizienz?*

Impuls 8: Zugehörigkeit - Mindset

Zugehörigkeit ist die bewusste Gestaltung organisationaler Strukturen und Praktiken, die menschliche Verbundenheit ermöglichen, gerade unter Bedingungen zunehmender Automatisierung. Wer sich nicht als zugehörig erlebt, wird sein Potenzial seltener vollständig einbringen (Baumeister & Leary, 1995).

Maschinen lassen sich skalieren, zwischenmenschliche Bindung hingegen nicht. Je mehr Aufgaben an Systeme übergehen, desto drängender stellt sich eine Frage, die in Effizienzdebatten häufig unterschätzt wird: Was hält Menschen in einer Organisation noch zusammen, wenn die gemeinsame Arbeit an der Sache abnimmt?

Gallup (2024) verweist für Deutschland auf einen Tiefstand der emotionalen Bindung: Nur 14 % der Beschäftigten fühlen sich demnach ihrem Arbeitgeber emotional verbunden, während die Investitionen in Automatisierung parallel zunehmen. Aufschlussreich ist, dass an die Stelle des kollegialen Austauschs vielfach ein Prompt tritt. Die Interaktionsdichte zwischen Menschen sinkt damit nicht als erklärtes Ziel, sondern als Nebeneffekt technischer Effizienz.

Zugehörigkeit zählt zu den grundlegenden menschlichen Bedürfnissen (Baumeister & Leary, 1995). Wird dieses Bedürfnis dauerhaft unterlaufen, leidet nicht allein das Wohlbefinden, sondern auch die organisationale Leistungsfähigkeit, da Motivation, Kreativität und Bindung nicht unabhängig von der Qualität sozialer Einbettung zu verstehen sind. Zugehörigkeit erweist sich damit nicht als soziale Zugabe, sondern als produktive Ressource.

Darin liegt das Paradox digitaler Organisationen: Mit zunehmender Leistungsfähigkeit der Systeme nimmt die Notwendigkeit ab, dass Menschen unmittelbar miteinander kommunizieren. Mayer und Schwehn (2025) weisen darauf hin, dass generative Systeme isolierte Arbeitsmuster begünstigen und informelle, spontane Austauschformen zurückdrängen können. Damit verschiebt sich Zugehörigkeit von einer kulturellen Begleiterscheinung zu einer expliziten Führungsaufgabe; sie entsteht nicht mehr selbstverständlich im Vollzug gemeinsamer Arbeit, sondern muss unter den neuen Bedingungen aktiv gestaltet werden.

Beispiel: Unilever – Verbindung statt Vermessung

Unilever betreibt mit FLEX Experiences einen internen Talentmarktplatz: eine KI-gestützte Plattform, die Beschäftigte über Bereichs- und Ländergrenzen hinweg mit Projekten, Erfahrungen und Lernmöglichkeiten verbindet und ca. 65.000 Mitarbeiter weltweit erfasst. Dieselbe Technologie ließe sich auch zur Bewertung und Kontrolle nutzen; Unilever legte sie stattdessen auf Anschluss und die Sichtbarmachung von Fähigkeiten aus (IBS, 2021). Während der Pandemie bewährte sich dieser Ansatz: Als Teile des Geschäfts stark belastet waren und Kapazitäten frei wurden, lenkte Unilever über die Plattform mehr als 8.000 Beschäftigte und rund 300.000 Arbeitsstunden dorthin, wo sie gebraucht wurden – über sichtbare Skills, freiwillige Verfügbarkeit und algorithmische Passung (Deloitte, 2020). Über Zugehörigkeit entscheidet somit nicht die Technologie, sondern die Führungslogik, in die sie eingebettet ist. ◄

Drei Führungspraktiken

Interaktionsarchitektur bewusst gestalten: Jede Automatisierungsentscheidung ist zugleich eine Entscheidung über menschliche Kontakte. Vor jeder Implementierung sollte Führung deshalb prüfen, welche Begegnungen entfallen und ob diese lediglich operativen Aufwand darstellten oder als sozialer Zusammenhalt wirkten. Was kurzfristig Effizienz schafft, kann langfristig Vertrauen, Bindung und Kooperationsfähigkeit kosten.

Sichtbarkeit von Beiträgen sichern: Zugehörigkeit entsteht auch durch erkennbare Wirksamkeit. Wenn sich Ergebnisse nicht mehr eindeutig zurechnen lassen, bedarf es einer bewussten Zuschreibung, die festhält, wer analysiert, wer entschieden und wer die Verantwortung getragen hat. Eine solche Sichtbarkeit ist keine Frage persönlicher Eitelkeit, sondern eine Form organisationaler Anerkennung.

Verbindung ermöglichen, nicht nur Prozesse beschleunigen: Technologie kann Zugehörigkeit schwächen, aber ebenso gezielt befördern: Matching-Systeme führen Menschen zusammen, die einander sonst nie begegnet wären, und Analysewerkzeuge machen früh sichtbar, wo Isolation entsteht. Entscheidend ist, ob die leitende Frage allein auf die Beschleunigung von Prozessen zielt oder auch auf die Gestaltung tragfähiger Beziehungen. In einer Arbeitswelt, in der Maschinen zunehmend Aufgaben übernehmen, bleibt die Frage, warum Menschen sich einbringen, und Verantwortung übernehmen, eine zutiefst menschliche. Technologie kann Prozesse organisieren; Zugehörigkeit jedoch entsteht nicht von selbst, sondern muss bewusst ermöglicht werden.

M³-Code: Zugehörigkeit

MENSCH	MASCHINE	MINDSET
Wann habe ich zuletzt bewusst Verbindung gestiftet – nicht nur Arbeit koordiniert?	*Welche menschlichen Begegnungen sind durch Automatisierung entfallen – und was kostet ihr Verlust?*	*Nutzt unsere Technologie Verbindung als Führungsressource – oder ersetzt sie Beziehung durch Effizienz?*

Impuls 9: Timing - Mindset

Timing bezeichnet die Fähigkeit von Führungskräften, den richtigen Zeitpunkt zu bestimmen, an dem KI in einen Entscheidungs- oder Arbeitsprozess eingebunden wird. Dabei geht es nicht allein um die Frage, ob KI eingesetzt wird, sondern vor allem darum, wann dieser Einsatz stattfindet – und wann bewusst darauf verzichtet wird. Zu früh eingesetzt, kann KI eigenständiges Denken ersetzen, bevor es sich entfalten konnte. Zu spät eingesetzt, bleibt ihr Potenzial ungenutzt. Der Zeitpunkt des Einsatzes ist damit eine genuine Führungsentscheidung.

Wer KI einsetzt, entscheidet stets auch darüber, wann er sie einsetzt. In der Praxis wird diese Entscheidung jedoch selten bewusst getroffen: Die Werkzeuge sind verfügbar und werden geöffnet, sodass sich der Zeitpunkt des Einsatzes eher aus Gewohnheit als aus Reflexion ergibt. Eben darin liegt das eigentliche Führungsproblem.

In Studien zeigte sich, dass Personen, die Large Language Models bereits zu Beginn von Ideationsprozessen einbinden, weniger originelle Ideen hervorbringen und von einer geringeren kreativen Selbstwirksamkeit berichten (Qin et al., 2025). Der zugrunde liegende Mechanismus lässt sich so deuten: KI tritt in den Denkprozess ein, bevor das eigene Denken ausreichend Raum hatte, sich zu entfalten, sodass das Ergebnis stärker dem Muster des Systems folgt als der explorativen Suchbewegung des Menschen. Autonomie und Eigenverantwortung, zwei zentrale Voraussetzungen kreativer Leistung, können durch einen frühen KI-Einsatz systematisch geschwächt werden.

Beispiel: Zillow – Wenn der Algorithmus zu früh zu viel übernimmt

Zillow zählt zu den größten Immobilienplattformen der USA. Ab 2018 betrieb das Unternehmen ein algorithmisches Hauskaufprogramm, bei dem KI-gestützte Prognosen die Immobilienpreise voraussagen und auf dieser Grundlage unmittelbar Häuser ankaufen und weiterverkaufen sollten. Das System skalierte rasch und wurde zunehmend autonom eingesetzt, ohne dass die zugrunde liegenden Modellannahmen systematisch überprüft wurden. Als die pandemiebedingte Marktdynamik ab 2021 die historischen Muster durchbrach, reagierte es nicht ausreichend und optimierte weiter auf Grundlage von Annahmen, die längst fragwürdig geworden waren. Die Folge waren hohe Verluste, Entlassungen und das Ende eines ganzen Geschäftsbereichs (Kiger, 2021). Der Fall belegt kein einfaches Technologieversagen, sondern ein Versagen im Timing: Das System wurde zu früh und zu weitreichend in einen Prozess eingebunden, dessen Grundbedingungen sich verändert hatten, und blieb zu lange ohne menschliche Korrektur aktiv. Die entscheidende Führungsfrage, ob die Annahmen, auf denen das Vertrauen in das System beruhte, noch Gültigkeit besaßen, wurde nicht rechtzeitig gestellt. Die Verantwortung dafür trug nicht der Algorithmus, sondern die Führung. ◄

Drei Führungspraktiken

Erst denken, dann öffnen: Vor jeder KI-gestützten Entscheidung oder Kreativarbeit sollte zunächst die eigene Position formuliert werden – eine Hypothese, eine Einschätzung oder eine Richtung, bevor das System geöffnet wird. Dies dient nicht als Ritual, sondern als Schutz vor einer stillen Übernahme.

Eintrittspunkte definieren: Für jeden KI-gestützten Prozess ist vorab zu klären, an welchem Punkt die KI eintritt und aus welchem Grund. Ein früher Einsatz eignet sich für die Datenauswertung und die Mustererkennung, während ein späterer Einsatz das originäre Denken, die Kreativität und die Urteilskraft schützt.

Auszeiten institutionalisieren: Nicht jede Phase eines Prozesses erfordert KI. Führung bedeutet auch, Räume zu schützen, in denen ohne algorithmische Unterstützung gedacht, debattiert und entschieden wird. Wer strategische Fragestellungen, kreative Phasen und ethische Abwägungen konsequent freihält, sichert die Qualität jener Entscheidungen, die anschließend durch KI vorbereitet werden können.

Timing ist der am wenigsten sichtbare Hebel im Zusammenspiel von Mensch und Maschine. Über den Wert des Ergebnisses entscheidet weniger die Leistungsfähigkeit des Systems als der Zeitpunkt, zu dem es in den Prozess eintritt.

M³-Code: Timing		
MENSCH	MASCHINE	MINDSET
Habe ich zuerst selbst gedacht – oder hat das System meine Frage formuliert?	*Ist definiert, wann KI in welchen Prozess eintritt – und warum genau dort?*	*Gibt es Räume in meiner Organisation, die bewusst KI-frei bleiben?*

Neun Impulse, drei Dimensionen. Einzeln ist jeder eine Führungsentscheidung für sich; ihre volle Wirkung entfalten sie erst im Zusammenhang – wenn das in Mensch, Maschine und Mindset Gelernte aufeinander zurückwirkt. Was die neun zu einem geschlossenen Kreislauf verbindet, ist der nun folgende M³-Loop.

M^3-Loop – den Wandel messen und gestalten

3

Was Organisationen im KI-Zeitalter klüger macht, ist nicht in erster Linie die Anzahl ihrer Werkzeuge, sondern die Qualität der Rückkopplung zwischen den drei Dimensionen Mensch, Maschine und Mindset (vgl. Abb. 3.1). Der Begriff Loop bezeichnet im organisationalen Kontext einen rückbezüglichen Lernkreislauf, in dem die Ergebnisse eines Vorgangs in die nächste Entscheidung zurückwirken (Argyris & Schön, 1978): Output wird zum Input. Der M^3-Loop überträgt dieses Prinzip auf die drei Dimensionen: Menschliche Einsicht, maschinelle Anpassung und kulturelle Veränderung bedingen einander. Auf der menschlichen Seite besteht der Lerngewinn vor allem darin, durch KI Muster, Perspektiven und Gegenstimmen wahrzunehmen, die im eigenen Denken nicht angelegt waren. Die Maschine und die sie umgebenden Workflows werden im selben Prozess durch menschliche Korrekturen, bessere Regeln und kontextsensitive Urteile leistungsfähiger. Und im Mindset lernt die Organisation als Ganzes dort, wo gemeinsame Praxis eingespielte Annahmen und Erfolgsmaßstäbe neu justiert. Organisationale Lernfähigkeit entsteht erst, wenn diese drei Bewegungen zusammenfinden.

3.1 Die Loops: synchron und asynchron

Diese drei Dimensionen beschreiben die Soll-Architektur von M^3. Die Ist-Situation sieht oft anders aus: Mensch, Maschine und Mindset verändern sich in grundlegend unterschiedlichen Geschwindigkeiten – und an genau dieser Stelle entsteht ein zentrales Führungsproblem des KI-Zeitalters (vgl. Tab. 3.1).

Y. von Borcke, *M³ – Mensch. Maschine. Mindset.*, essentials,
https://doi.org/10.1007/978-3-658-53258-1_3

Abb. 3.1 Der M³-Loop. Mensch, Maschine und Mindset bilden einen geschlossenen Lernkreislauf, in dem der Output jeder Dimension zum Input der nächsten wird. (Quelle: eigene Darstellung)

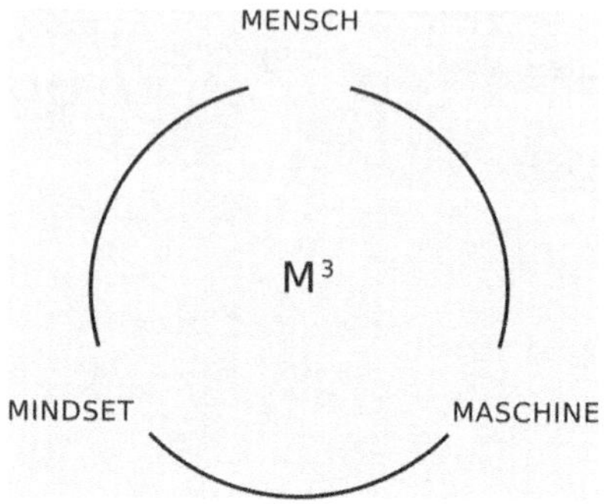

Tab. 3.1 Entscheidungslogiken und Entscheidungsrhythmen im M³-Modell. (Quelle: in Anlehnung an Capol (2025) und von der Reith (2025); eigene Darstellung)

Dimension	Entscheidungslogik	Typischer Entscheidungsrhythmus
Maschine	Linear, taktbar, optimierbar – Entscheidungen werden in Echtzeit vorbereitet, unterstützt oder regelbasiert automatisiert	*Millisekunden bis Stunden*
Mensch	Nicht-linear, kontextabhängig – Entscheidungen entstehen aus Erfahrung, Urteilskraft und situativer Abwägung	*Tage bis Monate*
Mindset	Kulturell verankert – Annahmen, Routinen und Werte verändern die Grundlagen des Entscheidens nur schrittweise	*Monate bis Jahre*

Im Idealfall korrigieren sich die drei Dimensionen wechselseitig: Maschinen liefern Muster, die menschliche Annahmen prüfbar machen; Menschen liefern Urteile, die maschinelle Empfehlungen verantwortbar halten; die Organisation lernt aus beidem, sofern sie die Rückkopplung organisiert. In der Praxis ist dieser synchrone Verlauf die Ausnahme. Der Regelfall ist Asynchronität, und sie hat eine erkennbare Struktur: Maschinelle Optimierung läuft im Millisekundentakt, menschliche Erfahrungsbildung folgt biografischen und situativen Rhythmen, das Mindset einer Organisation verändert sich erst über Monate oder Jahre (Capol, 2025; von der Reith, 2025).

KI beschleunigt nur den maschinellen dieser drei Rhythmen. Mensch und Mindset bleiben in ihrem eigenen Takt. Genau hier liegt die strukturelle Asymmetrie, die Führung im KI-Zeitalter gestalten muss. Bestimmte Dimensionen lassen sich nicht durch Rechenleistung erzeugen: Verantwortung, Sinn, implizites Erfahrungswissen und Vertrauen entstehen in menschlicher und organisationaler Zeit, nicht in maschineller. Das Ergebnis einer einseitigen Beschleunigung ist deshalb selten höhere Produktivität, sondern häufig wachsender Druck auf jene Dimensionen, die diesem Takt nicht folgen können. Emotionen und soziale Beziehungen lassen sich weder beliebig beschleunigen noch technisch erzwingen (Villwock & Buselmeier, 2025). Wer in einer Dimension beschleunigt, ohne in den anderen Lernarbeit zu leisten, vergrößert nicht das Tempo des Ganzen, sondern den Abstand zwischen den Dimensionen.

Mindset ist eine der drei Dimensionen von M^3 und übernimmt zugleich eine vermittelnde Funktion. Es ist die kulturelle Schicht, in der Maschinengeschwindigkeit und menschliche Entwicklungszeit aufeinander bezogen werden, und schafft die Bedingungen, unter denen beide produktiv zusammenwirken können. Führung im KI-Zeitalter besteht nicht darin, alle Dimensionen auf denselben Takt zu bringen oder die Organisation nach der Logik maschineller Optimierung zu glätten. Sie beginnt dort, wo unterschiedliche Rhythmen und Reifegrade zueinander in Beziehung gesetzt werden müssen. M^3 Leadership besteht in der Fähigkeit, asynchrone Schleifen bewusst zu synchronisieren. Damit ist nicht gemeint, alle Rhythmen auf maschinelles Tempo zu bringen, sondern eine tragfähige Verbindung zwischen ihnen herzustellen, in der jede Dimension nach ihrer eigenen Logik lernen kann.

3.2 Drei Lernfelder, ein Kreislauf

Dass Organisationen überhaupt Lernfelder brauchen, hat einen strukturellen Grund: Die meisten von ihnen funktionierten über Jahrzehnte wie Open-Loop-Systeme. Entscheidungen wurden getroffen und umgesetzt, doch ihre Wirkungen flossen nicht immer systematisch in den nächsten Entscheidungsprozess zurück. Feedback kam verspätet, verdichtet in Berichten, gefiltert durch Hierarchieebenen und oft erst dann, wenn die nächste Entscheidung längst gefallen war. Organisationen lernten zwar – aber überwiegend aus ihrer Vergangenheit, kaum aus ihrer Gegenwart.

KI verändert diese Grundbedingung. Erstmals steht Organisationen eine Infrastruktur zur Verfügung, die Rückkopplung nahezu in Echtzeit ermöglicht. Prozesse können ihren Output messen. Entscheidungen können an ihren Folgen gespiegelt werden. Muster werden sichtbar, bevor sie sich verfestigen. Damit wird der Schritt *vom Open Loop zum Closed Loop* möglich. Doch dieser Schritt ist keine rein technische Transformation. Eine Organisation wird nicht automatisch lernfähiger, nur weil sie mehr Daten erhebt, Dashboards einführt oder KI-Systeme implementiert. Rückkopplung wird erst dann wirksam, wenn sie geführt wird: wenn Ergebnisse

Tab. 3.2 M^3-Loop: Konzeptionelle Diagnostik. (Quelle: Eigene Darstellung)

Lernfeld	Messfeld	Leitfrage des Loops	Indikatoren
Mensch	Erweiterte Urteilskraft	Erweitert KI meine eigene Urteilskraft – oder ersetzt sie?	Bessere Fragen + begründete Abweichungen + dokumentierter Lerngewinn
Maschine	Adaptive Intelligenz	Fließt meine Korrektur wirklich zurück und verbessert das System?	Prompt-/Workflow-Änderung nach Feedback + messbar bessere Outputs
Mindset	Kulturelle Neujustierung	Verändert die Zusammenarbeit mit KI unsere Annahmen, Routinen und Erfolgsmaßstäbe?	Revidierte KPIs + neue Führungsroutinen + gelebte Irrtumsprotokolle

interpretiert, Irritationen zugelassen, Entscheidungen überprüft und Verantwortlichkeiten neu geklärt werden.

Der M^3-Loop ist die Führungsantwort auf diese Möglichkeit. Er beschreibt, wie Organisationen den Übergang vom Open Loop zum Closed Loop vollziehen – nicht als technische Automatisierung, sondern als bewusst gestalteten Lernprozess. Die drei Dimensionen, die in Kap. 2 die neun Impulse ordneten, kehren hier in neuer Rolle wieder: als Lernfelder, die beschreiben, wo eine Organisation lernt – im Menschen, in der Maschine, im Mindset. Jedes hat dabei einen eigenen Maßstab (vgl. Tab. 3.2).

Das erste Lernfeld betrifft den **Menschen**. Die zentrale Frage lautet, ob der Einsatz von KI menschliche Urteilskraft erweitert oder schrittweise ersetzt. Entscheidend ist hier weniger, wie intensiv KI genutzt wird, als wie sich die Qualität der menschlichen Urteilsarbeit verändert: Werden bessere Fragen gestellt, werden Empfehlungen begründet übernommen oder verworfen, lässt sich ein dokumentierter Lerngewinn erkennen? Urteilsvermögen, Kreativität und Kommunikationsfähigkeit verschwinden unter KI-Bedingungen nicht. Sie werden seltener selbstverständlich, und gerade deshalb steigt ihr Gewicht.

Das zweite Lernfeld liegt auf der **Maschinenseite**. Hier ist die Leitfrage, ob menschliche Korrekturen tatsächlich in die Systeme zurückfließen oder ob sie auf der Anwenderseite versanden. Im organisationalen Einsatz wird agentische KI nicht allein durch zusätzliche Datenmengen besser, sondern vor allem dadurch, dass Erfahrungswissen systematisch in Regeln, Prompts, Workflows und Eingriffspunkte übersetzt wird. Implizites Wissen muss explizit gemacht und die Qualitätsprüfung institutionalisiert werden. Rückkopplung wird damit zur Führungsarchitektur.

Im dritten Lernfeld, dem **Mindset**, geht es um die Frage, ob KI nur Prozesse verändert oder auch die darunterliegenden Annahmen, Routinen und Erfolgsmaßstäbe einer Organisation. Genau dort liegt der tiefste Hebel des M³-Loops. Empirisch zeigt sich, dass dort, wo KI wirklich wirksam ist, neben Effizienz und Entscheidungsqualität auch kollektives Lernen, Rollenklarheit und Zusammenarbeit zunehmen (Ransbotham et al., 2021). Das Mindset ist damit zugleich Voraussetzung und Ergebnis der Integration von KI.

3.3 Diagnose und Nachweis

Damit der M³-Loop nicht im Modellhaften bleibt, braucht es eine operative Verankerung. Die KPI-Tabelle (Key-Performance Indicator) ist genau darauf angelegt, siehe Tab. 3.3: Sie misst die Nähe zum Loop selbst: ob menschliche Urteilskraft wächst, Systeme aus Feedback lernen und sich organisationale Routinen verän-

Tab. 3.3 Führungskennzahlen für lernfähige KI-Organisationen. (Quelle: Eigene Darstellung)

Lernfeld	Was wird gemessen	Beispiel-KPIs (Loop-Indikatoren)
Mensch	Qualität der menschlichen Urteilsarbeit mit KI	Anteil KI-gestützter Entscheidungen mit dokumentierter Gegenprüfung; Anteil begründeter Abweichungen von KI-Empfehlungen; Anteil dokumentierter Reflexionsnotizen pro Entscheidung
Maschine	Geschwindigkeit und Qualität des Systemlernens	Dauer von menschlichem Feedback zu Systemänderung (Tage); Anteil kritischer Eskalationen mit dokumentierter Systemänderung; Veränderung der Fehler- oder Freigabequote nach Feedback-Integration
Mindset	Verankerung von Lernen in Kultur und Routinen	Anzahl revidierter Annahmen oder Entscheidungsregeln pro Quartal; Anteil Teams mit regelmäßigen Lern-Retros oder Irrtumsprotokollen; Anteil von Bottom-up-Experimenten, die in Standards überführt werden
M³-Loop-Synchronisation	Geschlossener Lernkreislauf Mensch → Maschine → Mindset	Anzahl vollständig dokumentierter Loop-Fälle pro Quartal: menschliche Einsicht → Systemänderung → veränderte Routine oder KPI

dern. Der Reifegrad einer KI-Organisation entscheidet sich somit an der Qualität ihrer Rückkopplungen, und nicht primär an der Anzahl ihrer KI-Tools.

Beispiel: Ein M³-Loop bei einem Versicherer

Ein Versicherer nutzt KI zur Vorprüfung von Schadensfällen: Das System gleicht die Unterlagen mit den Vertragsbedingungen ab und empfiehlt Regulierung, vertiefte Prüfung oder Ablehnung. In einem Fall empfiehlt es die Ablehnung, weil ein erforderlicher Nachweis im digitalen Vorgang fehlt – die Empfehlung ist formal korrekt, die Datenbasis aus Systemsicht jedoch unvollständig. Die Sachbearbeiterin überstimmt die Empfehlung der KI. Sie weiß: Bei älteren Verträgen oder bestimmten Maklerwegen liegen Nachweise oft nicht im Schadensaktensystem, sondern in E-Mail-Verläufen und Altdokumenten.

M³-Ebene	Was geschieht	KPI
Mensch	Die Sachbearbeiterin dokumentiert eine begründete Abweichung und macht sichtbar, wo das System Kontext verliert.	Quote begründeter Abweichungen; Anteil bestätigter Korrekturen; Eskalationsquote kritischer Fälle
Maschine	Das Feedback fließt in Datenzugriffe, Promptlogik und Eskalationspfade zurück; die KI lernt, Unsicherheit früher zu markieren.	Zeit von Korrektur bis Systemanpassung; Wiederholungsrate gleicher Fehler; Anteil korrekt eskalierter Grenzfälle
Mindset	Wiederkehrende Abweichungen verändern die Führungsannahme: Nicht jeder formal unvollständige Fall ist sachlich unberechtigt. Daraus entstehen neue Regeln für Mensch-KI-Entscheidungen.	Anzahl validierter Regelanpassungen; Reduktion fehlerhafter Ablehnungen; Anteil überprüfter Hochrisikoentscheidungen

Was im Einzelfall als Korrektur erscheint, summiert sich über viele Loops zu einer Veränderung der Annahmen, an denen die Organisation sich orientiert. Die Maschine verändert die Arbeit, die veränderte Arbeit verändert das Mindset, und aus diesem Mindset fällt die nächste Entscheidung. Erst diese Geschlossenheit überführt KI-Nutzung in organisationales Lernen – ein Lernen, das mit der Einsicht beginnt, dass ein formal richtiger Output strategisch falsch sein kann.

3.4 Vom Einsatz zur Lernfähigkeit

Die Einführung eines KI-Systems ist nicht das Ende der Führungsaufgabe, sondern ihr eigentlicher Anfang. Erst nach Pilotabschluss, Rollout und Schulung entscheidet sich, ob eine Organisation gemeinsam mit dem System lernt oder ob das System an ihrer Praxis vorbeiläuft. Was in vielen Projekten an dieser Stelle beginnt, ist nicht die Lernphase, sondern die Verwaltung des Erreichten.

Wie tief dieses Missverständnis sitzt, lässt sich inzwischen empirisch belegen. Ein Großteil der Pilotprojekte zur generativen KI in Unternehmen liefert oft keinen messbaren Beitrag zur Wertschöpfung (Challapally et al., 2025). Die Diagnose dahinter ist die einer Learning Gap – eines doppelten Lernausfalls zwischen Maschine und Organisation: Die Systeme lernen nicht aus den Arbeitsprozessen, in die sie eingeführt werden, und die Organisationen lernen nicht aus den Antworten, die die Systeme zurückspielen. Was zunächst wie ein Technologieproblem wirkt, ist im Kern ein Führungsproblem, denn die Rückkopplung zwischen beiden Seiten ist in den meisten Organisationen weder strukturell verortet noch personell zugewiesen.

KI wird meist als Werkzeug eingeführt, wirkt jedoch selten nur als Werkzeug. Sie verschiebt Arbeitsteilung, Entscheidungspraxis und Verantwortungslinien und verändert dadurch nicht nur, was Menschen tun, sondern auch, wie Organisationen denken, lernen und führen. Die Maschine verändert die Arbeit des Menschen, die veränderte Arbeit wiederum verändert das Mindset der Organisation. An genau diesem Punkt wird aus einer Technologieeinführung eine Führungsaufgabe. Jede ernsthafte KI-Einführung beginnt technisch, wird sozial wirksam und endet, sofern sie gelingt, als Veränderung der Organisation selbst.

An dieser Stelle setzt M^3 Leadership an: die Führungslogik, mit der diese Bewegung bewusst gestaltet wird. Während die drei Lernfelder beschreiben, *wo* eine Organisation lernt – im Menschen, in der Maschine, im Mindset –, beschreiben die folgenden vier Lernschleifen, *wie* sie KI lernend einführt: von der Klärung des Werts über die Gestaltung des Zusammenspiels und die Erprobung in der Praxis bis zur Anpassung der Organisation, siehe Tab. 3.4.

Sie unterscheidet vier aufeinander bezogene Lernschleifen – Wertbeitragsklärung, verantwortbares Zusammenspiel, wechselseitiges Lernen und organisationale Adaption. Diese Schleifen verlaufen nicht nacheinander, sondern greifen ineinander: Was in der organisationalen Adaption gelernt wird, verändert die Annahmen der Wertbeitragsklärung; was im verantwortbaren Zusammenspiel gestaltet wurde, muss sich im wechselseitigen Lernen bewähren.

Tab. 3.4 M³ Leadership: Vier Lernschleifen der KI-Einführung. (Quelle: Eigene Darstellung, in Anlehnung an Stowasser & Suchy (2020))

Loop	Leitfrage	Indikatoren
1. Wertbeitragsklärung	Welchen relevanten Mehrwert soll KI stiften – und für wen ist er wichtig genug?	Definierter Mehrwert + benannte Adressaten + identifiziertes Nicht-Delegierbares
2. Verantwortbares Zusammenspiel	Wie wird das Zusammenspiel von Mensch und Maschine verantwortbar gestaltet?	Klare Rollen + definierte Eskalationswege + an menschlichen Kriterien ausgerichtete Workflows
3. Wechselseitiges Lernen	Wie wird aus dem Konzept eine tragfähige Praxis?	Dokumentierte Gegenproben, iterierte Prompts und Workflows, kalibriertes Vertrauen
4. Organisationale Adaption	Was lernen wir aus der Nutzung – und was muss sich dadurch verändern?	Revidierte KPIs + angepasste Routinen + weiterentwickeltes Mindset

Mit dieser Bewegung verschiebt sich der Maßstab für Führung im KI-Zeitalter. Der Reifegrad einer Organisation zeigt sich nicht in der Zahl der eingeführten Systeme und auch nicht in der Geschwindigkeit ihres Rollouts. Er zeigt sich darin, wie eine Organisation mit dem umgeht, was die Maschine ihr zurückspielt, und ob Führung diese Lernfähigkeit aktiv organisiert, statt sie dem Zufall zu überlassen. Wer die Learning Gap nicht schließt, bleibt beim Einsatz stehen; wer sie schließt, macht KI zum Treiber der Organisation selbst.

Epilog

Mensch, Maschine, Mindset – was wie eine einfache Trias erscheint, erweist sich bei näherer Betrachtung als Führungslogik für das KI-Zeitalter. Verändert hat sich nicht das Entscheiden selbst, sondern die Bedingungen, unter denen Entscheidungen entstehen. Algorithmische Systeme strukturieren Optionen vor, erzeugen Empfehlungen und operieren in definierten Kontexten zunehmend selbstständig. Der eigentliche Wendepunkt liegt deshalb nicht in der nächsten technologischen Entwicklungsstufe. Er liegt in einer Verschiebung von Verantwortung. Wer entscheidet, auf welcher Grundlage, und wer trägt die Konsequenzen? Das ist keine technische Frage, sondern eine zentrale Führungsaufgabe.

M^3 ordnet diese Lage entlang dreier Dimensionen, die nur im Zusammenspiel tragen. Der Mensch steht für Verantwortung, Zuständigkeit und normative Letztinstanz. Die Maschine steht für Entlastung, Mustererkennung und Skalierung – innerhalb definierter Grenzen und belastbarer Fallback-Strukturen. Das Mindset steht für die kulturelle Tiefenstruktur einer Organisation: Prioritäten zu setzen, Spannungen auszuhalten und zu bestimmen, was nicht an KI delegiert werden darf. Fehlt eine dieser Dimensionen, entstehen die typischen Fehlformen gescheiterter Transformationsprojekte: Beschleunigung ohne Verantwortung, Regelwerke ohne Umsetzung, Aktivität ohne Richtung.

Diese Bewegung zeigt sich auf drei Ebenen. Auf der Ebene des Selbst entscheidet das Zusammenspiel von Standpunkt und Lernfähigkeit darüber, ob Führungskräfte mit KI führen – oder von ihr geführt werden. Auf der Ebene der Organisation entscheidet die Qualität der Rückkopplungsschleifen darüber, ob KI Werkzeug bleibt oder zum Treiber organisationalen Lernens wird. Auf der Ebene der Gesellschaft entscheidet die Form dieser Synchronisation darüber, ob Bildung, öffentliche Debatte und kollektive Entscheidungsfähigkeit tragfähig bleiben – oder

Y. von Borcke, *M³ – Mensch. Maschine. Mindset.*, essentials,
https://doi.org/10.1007/978-3-658-53258-1

durch schleichende Erosion verlorengehen. Überall stellt sich dieselbe Frage: nicht, wie viel KI eingesetzt wird, sondern wer die Rückkopplung gestaltet – wie, wofür und mit welcher Verantwortung.

Ein menschliches Zeitalter der Künstlichen Intelligenz beginnt nicht mit der nächsten Technologie. Es beginnt mit Mensch, Maschine und Mindset.

Was Sie aus diesem *essential* mitnehmen können

- Klarheit darüber, warum klassische Führung im KI-Zeitalter an ihre Grenzen stößt – und warum Beschleunigung allein keine Antwort ist.
- Ein Modell, das Orientierung gibt: Mensch, Maschine und Mindset als drei Dimensionen, die nur gemeinsam wirken – multiplikativ, nicht additiv.
- Neun Führungsimpulse – drei pro Dimension – mit konkreten Reflexionsroutinen und Praxisbeispielen zum Reflektieren und Umsetzen.
- Den M^3-Loop als Führungsantwort auf die Frage, wie Organisationen den Schritt vom Open Loop zum Closed Loop vollziehen – nicht technisch, sondern durch bewusst gestaltetes Lernen.
- Ein Diagnosewerkzeug, um die eigene Führungsreife im Umgang mit KI einzuschätzen – nicht anhand der Zahl der Tools, sondern anhand der Qualität der Rückkopplung.

Y. von Borcke, *M³ – Mensch. Maschine. Mindset.*, essentials,
https://doi.org/10.1007/978-3-658-53258-1

Literatur

Aboumoussa, L., & Pfister, J. (2024). *Leadership development in the age of artificial intelligence* (M-RCBG Associate Working Paper No. 244). Harvard Kennedy School.

Acatech. (2020). *Von Daten- zu Wertschöpfung. Potenziale von daten- und KI-basierten Wertschöpfungsnetzwerken*. Plattform Lernende Systeme.

Accenture. (2025). *Technology vision 2025. AI: A declaration of autonomy*. https://www.accenture.com/content/dam/accenture/final/accenture-com/document-3/Accenture-Tech-Vision-2025.pdf. Zugegriffen am 10.11.2025.

Anthony, C., Bechky, B. A., & Fayard, A.-L. (2023). "Collaborating" with AI: Taking a system view to explore the future of work. *Organization Science, 34*(5), 1672–1694. https://doi.org/10.1287/orsc.2022.1651

Argyris, C., & Schön, D. A. (1978). *Organizational learning: A theory of action perspective*. Addison-Wesley.

Baumeister, R. F., & Leary, M. R. (1995). The need to belong: Desire for interpersonal attachments as a fundamental human motivation. *Psychological Bulletin, 117*(3), 497–529.

Birkinshaw, J. (2020). What is the value of firms in an AI World? In J. Canals & F. Heukamp (Hrsg.), *The future of management in an AI world* (S. 23–35). Springer Cham.

von Borcke, Y. P., & Plohr, N. (2024). *Metaskills. Menschliche Kompetenzen für das Zeitalter der künstlichen Intelligenz*. Springer Gabler.

Bruhin, O., Ebel, P., & Bauer-Hansel, I. (2025). Unlocking business value with generative AI: Balancing co-creation and co-destruction in knowledge work. *ECIS 2025 Proceedings, 3*, 1–15.

Candelon, F., Krayer, L., Rajendran, S., Schulz, M., & Schönberger, M. (2023). *How people can create – And destroy – Value with generative AI*. BCG Global.

Capol, A. (2025). Zeit gestalten, Veränderung steuern. *OrganisationsEntwicklung, 44*(4), 20–24.

Challapally, A., Pease, C., Raskar, R., & Chari, P. (2025). *The GenAI divide: State of AI in business 2025 (Report)*. MIT NANDA.

Y. von Borcke, *M³ – Mensch. Maschine. Mindset.*, essentials,
https://doi.org/10.1007/978-3-658-53258-1

Coinbase. (2025). *Making smarter decisions, faster with AI at Coinbase*. https://www.coinbase.com/en-de/blog/making-smarter-decisions-faster-with-AI-at-Coinbase. Zugegriffen am 10.03.2026.

Cui, H., & Yasseri, T. (2024). AI-enhanced collective intelligence. *Patterns, 5*(11), Article 101074. https://doi.org/10.1016/j.patter.2024.101074.

Deci, E. L., & Ryan, R. M. (2000). The "what" and "why" of goal pursuits: Human needs and the self-determination of behavior. *Psychological Inquiry, 11*(4), 227–268.

Deloitte Insights. (2020). *Activating the internal talent marketplace*.

Dewhurst, M., & Willmott, P. (2014). Manager and machine: The new leadership equation. *McKinsey Quarterly, 2014*(4), 76–86.

Dweck, C. S. (2006). *Mindset: The new psychology of success*. Random House.

Gaede, L. (2016). *Watson, wir haben ein Problem*. https://www.zeit.de/wirtschaft/2016-09/kuenstliche-intelligenz-maschinen-menschenersatz-jobs. Zugegriffen am 24.07.2019.

Gallup. (2024). *State of the global workplace report 2024*. Gallup Inc.

George, B. (2003). *Authentic leadership: Rediscovering the secrets to creating lasting value*. Jossey-Bass.

Gigerenzer, G. (2007). *Bauchentscheidungen. Die Intelligenz des Unbewussten und die Macht der Intuition*. C. Bertelsmann.

Harth, J., Reinprecht, A., & Dudak, E. (2025). Wenn KI mitentscheidet: Systemtheoretische Impulse zur KI-Integration in Organisationen. *OrganisationsEntwicklung, 44*(4), 104–109.

Holtel, S., Hufenstuhl, A., & Klug, A. (2017). *Künstliche Intelligenz verstehen als Automation des Entscheidens (Bitkom-Leitfaden)*. bitkom.org

Hong, S., Zhuge, M., Chen, J., Zheng, X., Cheng, Y., Zhang, C., Wang, J., Wang, Z., Yau, S. K. S., Lin, Z., Zhou, L., Ran, C., Xiao, L., Wu, C., & Schmidhuber, J. (2024). MetaGPT: Meta programming for a multi-agent collaborative framework. In *The Twelfth International Conference on Learning Representations*. https://doi.org/10.48550/arXiv.2308.00352

IBS Center for Management Research. (2021). *Unilever's AI-powered internal talent marketplace unlocks workforce capacity (Case Code: CLHR083)*. The Case Centre.

Kiger, P. J. (2021). *Flip flop: Why Zillow's algorithmic home buying venture imploded*. Stanford Graduate School of Business Insights. stanford.edu.

Kotter, J. P. (1990). *A force for change: How leadership differs from management*. Free Press.

Luhmann, N. (1981). Kommunikation mit Zettelkästen. Ein Erfahrungsbericht. In H. Baier, H. M. Kepplinger, & K. Reumann (Hrsg.), *Öffentliche Meinung und sozialer Wandel. Für Elisabeth Noelle-Neumann* (S. 222–228). Westdeutscher Verlag.

Mayer, T., & Schwehn, T.-J. (2025). Moving beyond task efficiency: How generative AI challenges teamwork. *ECIS 2025 Proceedings, 9*, 1–8.

Mezirow, J. (1991). *Transformative dimensions of adult learning*. Jossey-Bass.

Miller, T. (2019). Explanation in artificial intelligence: Insights from the social sciences. *Artificial Intelligence, 267*, 1–38. https://doi.org/10.48550/arXiv.1706.07269

Moffatt v. Air Canada. (2024). *2024 BCCRT 149 (CanLII)*. British Columbia Civil Resolution Tribunal.

Page, S. E. (2017). *The diversity bonus: How great teams pay off in the knowledge economy*. Princeton University Press.

Polanyi, M. (1966). *The tacit dimension*. Doubleday.

Porter, M. E. (1985). *Competitive advantage: Creating and sustaining superior performance*. Free Press.

Qin, P., Yang, C.-L., Li, J., Wen, J., & Lee, Y.-C. (2025). Timing matters: How using LLMs at different timings influences writers' perceptions and ideation outcomes in AI-assisted ideation. In *Proceedings of the 2025 CHI Conference on Human Factors in Computing Systems* (Artikel 25, S. 1–16). Association for Computing Machinery. https://doi.org/10.48550/arXiv.2502.06197

Raisch, S., & Krakowski, S. (2021). Artificial intelligence and management: The automation- augmentation paradox. *Academy of Management Review, 46*(1), 192–210.

Ransbotham, S., Kiron, D., Samson, D., & Reeves, M. (2021). *The cultural benefits of artificial intelligence in the enterprise*. MIT Sloan Management Review and Boston Consulting Group.

Raz, G. (2020). Liquid Death: Mike Cessario. In *How I built this, with Guy Raz [Audio-Podcast]*. NPR.

von der Reith, F. (2025). Zeitparadoxien in der Umsetzung von Veränderungsprozessen. *OrganisationsEntwicklung, 44*(4), 6–12.

Salesforce. (2024). *Agentforce: Die neue Ära der KI-Agenten*. https://www.salesforce.com/de/news/press-releases/2024/09/13/agentforce-announcement/. Zugegriffen am 11.05.2025.

SAP. (2019). *Digital Transformation for SMBs – Design Thinking methodology and Build.me*. community.sap.com/t5/enterprise-resource-planning-blog-posts-by-sap/digital-transformation-for-smbs-design-thinking-methodology-and-build-me/ba-p/13385273. Zugegriffen am 05.08.2020.

Schein, E. H. (1985). *Organizational culture and leadership*. Jossey-Bass.

Shen, J. H., & Tamkin, A. (2026). How AI impacts skill formation. arXiv preprint arXiv:2601.20245v2.

Stowasser, S., & Suchy, O. (2020). *Einführung von KI-Systemen in Unternehmen: Gestaltungsansätze für das Change-Management*. Plattform Lernende Systeme. https://www.plattform-lernende-systeme.de/files/Downloads/Publikationen/AG2_Whitepaper_Change_Management.pdf

Sullenberger, C. B., & Zaslow, J. (2009). *Highest duty: My search for what really matters*. HarperCollins.

Theoriq. (2024). *The AI agent baselayer*. https://uploads-ssl.webflow.com/6631eac002c5853093efa70c/66a26a64a4d588f0092e6843_Theoriq_Litepaper_2024JUL23r2.pdf. Zugegriffen am 02.03.2026.

Trumpf. (2020). *KI-Assistent von TRUMPF optimiert den Sortierprozess*. https://www.trumpf.com/de_DE/newsroom/pressemitteilungen-global/pressemitteilung-detailseite-global/release/ki-assistent-von-trumpf-optimiert-den-sortierprozess/. Zugegriffen am 10.05.2026.

Ulrich, H. (1984). *Management*. Haupt Verlag.

Van Quaquebeke, N., & Haas, O. (2024). Entscheidungen neu denken. *OrganisationsEntwicklung, 43*(3), 25–27.

Verheezen, P. (2018). *Wise leadership and AI. Why new intelligence will need new leadership*. Amrop. amrop.com

Villwock, N. (2025). Führen in der datenbasierten Organisation. *OrganisationsEntwicklung, 44*(4), 103–104.

Villwock, N., & Buselmeier, S. (2025). Change-Management als Paradoxiemanagement: Zwischen Steuerung und Unverfügbarkeit. *Organisationsberatung, Supervision, Coaching, 32*(2), 165–175.

GPSR Compliance

The European Union's (EU) General Product Safety Regulation (GPSR) is a set of rules that requires consumer products to be safe and our obligations to ensure this.

If you have any concerns about our products, you can contact us on ProductSafety@springernature.com

In case Publisher is established outside the EU, the EU authorized representative is:

Springer Nature Customer Service Center GmbH
Europaplatz 3
69115 Heidelberg, Germany

Batch number: 10809451

Printed by Printforce, the Netherlands